梁山政治

赵玉平 ◎ 著

白金版

清华大学出版社
北京

内容简介

本书以《水浒传》中的故事情节为基本架构，深入浅出，独辟蹊径，在幽默风趣的谈笑之中，解读蕴含在传统文化典籍中的管理智慧。笔锋文理之间透析着小说家的诙谐、谋略家的眼光、管理者的思路，以及领导者的胸襟。本文的主角，朱武、樊瑞、萧让等人物虽然在《水浒传》中笔墨不多，却有着鲜明的性格特征，极具故事性。围绕这些传奇人物，本书设计了40多个小故事，来阐述组织管理中的48个典型问题，以生动的情节和精辟的分析向读者展示这些问题背后的规律以及解决的要领。本书整合了中国古代具有代表性的诸多著作中的智慧典故，包含了丰富的管理思想和管理智慧。

本书既适合从事管理工作、管理学教学科研工作的人士阅读，也适合对传统文化及传统文化中的管理智慧感兴趣的各阶层人士阅读。

本书封面贴有清华大学出版社防伪标签，无标签者不得销售。
版权所有，侵权必究。举报：010-62782989，beiqinquan@tup.tsinghua.edu.cn。

图书在版编目（CIP）数据

梁山政治：白金版/赵玉平著. —北京：清华大学出版社，2014（2024.7重印）
ISBN 978-7-302-36763-5

Ⅰ.①梁… Ⅱ.①赵… Ⅲ.①管理学-通俗读物 Ⅳ.①C93-49

中国版本图书馆 CIP 数据核字（2014）第 124182 号

责任编辑：张 伟
封面设计：史宪罡
责任校对：王荣静
责任印制：宋 林

出版发行：清华大学出版社
网　　址：https://www.tup.com.cn, https://www.wqxuetang.com
地　　址：北京清华大学学研大厦 A 座　　邮　编：100084
社 总 机：010-83470000　　邮　购：010-62786544
投稿与读者服务：010-62776969，c-service@tup.tsinghua.edu.cn
质 量 反 馈：010-62772015，zhiliang@tup.tsinghua.edu.cn

印 装 者：三河市君旺印务有限公司

开　　本：160mm×230mm　　印　张：15.5　　字　数：187 千字
版　　次：2014 年 7 月第 1 版　　印　次：2024 年 7 月第 7 次印刷
定　　价：49.00 元

产品编号：057417-03

白金版前言

《梁山政治》是我研究中国古代管理思想的开端。直到现在，很多相关的理念依然会在每次上课的时候都给学生强调，比如分槽喂马、英雄不见面好汉不碰头、好领导要做"送公明"、搞好送温暖工程、成全别人的人自己成就最大、精神的内容要有物质的载体等。

有朋友和我争论，说这样的内容有点过于通俗和简单。我问他："请问十三经之首，是什么经？"

他回答："《易经》。"

我反问他："请问为什么不叫《难经》，而是叫《易经》呢？"

我相信，真理都是简单的，真诚都是朴素的，真正有用的东西一定不复杂。简易是大道。把简单的东西演绎成复杂，是知识；让复杂的东西回归简单，是智慧。

按照这样的想法，我陆陆续续写了四本和三国有关的书，四本和管理有关的书。这一切的一切，《梁山政治》是起点，是开端。

今天回过头再看这条来时路，有很多感慨。从 2005 年到现在，差不多十年的时光过去了。

记得少年时代的我会偷偷和自己玩一个类似时间胶囊的游戏，在一个小盒子里边给未来的自己写一些话或者装一个小东西，深埋在东河套边一个隐蔽的沙丘上，过了两年或者三年，再去把它挖出来。打开盒子的瞬间，会有种神奇的感觉，仿佛穿越时光看到了过去的自己。

现在，我对面的桌子上摆着一本已经翻得有点破损的《梁山政治》，2005 年首版印刷的书。它就仿佛少年时代的时间盒子，让我有了一种遇到过去自己的穿越感。

这本书记录了我的生活和我的思考，是对于自己 1992 年到 2002 年这十年之间一些个人感悟的总结。第六章有一首我自己写的旧体诗：

门对青山爱晚凉，不慕王侯羡猖狂。

吟来秋水长风起，落去梅花满地香。

这就是当年的生活，那个时候住在承德一个叫狮子沟的地方，紧挨着外八庙和避暑山庄后山，下班了乘6路公交车回宿舍吃最简单的饭，然后坐在一个木椅子上发呆，夕阳沉落，暮色苍茫，晚霞在避暑山庄后山上空逐渐消退，心就如同天上的云，忽明忽暗，忽远忽近。会想人生、想未来、想诗词与管理学、想路边的大饼炖牛肉、想明天的讲话稿、想单位的人和事、想考研的数学题……

《梁山政治》就是我的一个时间胶囊。再一次翻开这本书，那时候的生活一下子扑面而来。十年时光，很多事情以为自己都忘记了，可是现在才发现其实它们一直都在，从来不曾消退。正是这些实实在在的经历，这些曾经结结实实触动过我、伤过我的喜怒哀乐，成就了我今天的生活。

写这本书的时候，没有想到自己会读博士、没有想到自己会再写8本著作、没有想到自己会留在大学教书、没有想到自己会上《百家讲坛》，好多没有想到……

写这本书的时候，一切都还没有发生，那个时候心里只有一种感觉：我珍惜我拥有的过去，我爱我写的这本书。从《梁山政治》出发，一路走来，我成了今天的自己。深深地感受到，过去是一笔财富，兴趣是最好的老师，做好一件事首先要爱它才行。

本书里对于日常团队管理遇到的48个典型问题都做了分析、给了建议，并且引用了一些传统文化的经典著作。这些内容未必高深、高明、高端，但都是我的亲身体验和真切思考。在人生最起伏最艰难的时候，书陪伴了我、安慰了我、指引了我。我愿意把自己的体验拿出来和大家分享。

读书如同埋种子。一个小小的种子将来就可以长成参天大树。读书如同点灯，眼前的光亮只有一点，心里的光明却有一片。我的种子和我的灯都在这里了。

这本书曾经有很好的读者反响，连续印刷了12次，获得过经管类畅销榜的头名，并且以此还打造了"看水浒学管理"的课程，在清华大学、北京大学都讲过。弹指一挥间，过去的都过去了，未来的还在不断地来。出版社老师建议出一个纪念版，就有了今天大家手里的这本书。

这一次再版，把原来的第一人称全部改成了第三人称。这不但是叙述方式的变化，也是思维方式的变化。说到想法上的变化，我自己创建了一个九思书院，主要是想在当代大学生中传播一点儿传统文化。书院举办活动的时候，有"90后"的学生问我，老师，你觉得自己和当初比有什么变化呢？

　　这个变化，我想总结起来是这样的——

　　十年苦读我找我，一朝闪亮我非我。

　　柳暗花明我问我，坦然放下我是我。

　　就拿这四句来感谢大家一直以来的支持！

赵玉平

2014年5月20日

于北京九思书院

首版前言

能有机会写一些文字来传播中国传统文化中博大精深的管理智慧，一直是我的心愿。

读的西方管理著作越多，这个心愿就越强烈。看着被称为管理经典的翻译书籍中长长的外国人名和英汉对照的专门术语，听着大学里汉英夹杂的案例讨论，每一次，我都能感觉到自己血液深处澎湃的写作冲动。

中华文明中的管理智慧如高山巍巍，如大河滔滔，要写一本这样的著作对我来说实在是个很大的挑战。我是靠激情与热爱克服了内心的恐慌之后才开始动笔的。

当年周武王得天下以后，马上召见姜子牙，向他咨询"藏之也简、行之也博"的治国谋略。这八个字也给后人留下了一个评价谋略的普遍标准。我的写作也是依照这个标准来进行的。近来流行的传统名著戏说潮流给了我很多启迪。《梁山政治》的最初构思是在读着《沙僧日记》捧腹大笑的时候萌发的。

我选择了《水浒传》中一些笔墨不多的人物作为主人公，重新设计了一些情节，在情节中安排了48个管理中常见的、比较经典的问题。对每个问题都量力而行地进行了剖析，并给出了解决办法。全书内容尽量在简要的基础上做到通俗化和生动化，并且尽量和《水浒传》原著保持风格和情节上的一些呼应。

要感谢前人倾尽自己的心血给我们留下的宝贵智慧财富，在蔚为壮观的历史长河中，它们将闪放着经久不衰的光芒，照亮我们这个民族的心灵，伴我们走过蒙昧和自卑，给我们自信和自豪。此刻，我脑海闪出一部部经典：司马迁的《史记》、孙武的《孙子兵法》、刘向的《战国策》、王诩的《鬼谷子》、韩非的《韩非子》、罗贯中的《三国演义》、冯梦龙的《智囊》、赵蕤的《长短经》、韩婴的《韩诗外传》……

"不登高山，不知天之大也；不临深谷，不知地之厚也。"写作的过程本身再一次让我对华夏古国五千年的文明积淀充满了敬畏和怀念。

限于个人水平，文中难免有疏漏之处，恳请有识之士指教。

赵玉平

2005 年 4 月 10 日

目 录

第一回 朱武小传 ·················· 1
　　县衙脱险 ·················· 5
　　计收史进 ·················· 9
　　宋江改名 ·················· 13
第二回 天王意外 ·················· 17
　　宋江的印象管理 ·············· 22
　　晁盖选的接班人不是宋江 ········ 26
　　卢俊义只能当二把手 ············ 29
第三回 林冲敬酒 ·················· 37
　　朱贵保住了职位 ·············· 40
　　公孙先生的观人术 ············ 43
　　林冲的治军策略 ·············· 48
第四回 燕青提职 ·················· 55
　　燕青的四节课 ················ 57
　　与卢员外谈用人四策 ············ 66
第五回 裴宣铁面 ·················· 79
　　李忠救人 ···················· 83
　　白胜骗酒 ···················· 88
　　裴宣不掌细作 ················ 91
第六回 宋清设宴 ·················· 95
　　三人修城 ···················· 99
　　安排宋清 ···················· 103

第七回	**宋江提亲**	111
	给宋头领提意见	114
	说服镇三山	119
第八回	**三杀李逵**	125
	吴军师喜欢喝茶	126
	对付李逵的技巧	132
	李逵在鲁莽之后怎么办	135
第九回	**花荣养花**	141
	花荣没当上五虎将	143
	王英策划倒董	147
	董平的烦恼	150
第十回	**萧让借调**	157
	与宿太尉吃饭	160
	萧让上任	166
	温酒题诗	175
第十一回	**帅气郭吕**	181
	安道全拔箭	185
	孔明悟禅	190
	吕方得病	194
第十二回	**英雄排位**	201
	笑谈英雄	204
	领导心术	209
	水上烹鱼	218
附　录		228
	水浒108将的绰号及其出身（按出场顺序）	228
	梁山好汉的归宿（始自征方腊）	232

有一条小鱼问海王：
什么是海，海在哪里？
海王说：
你中有海，海中有你，你生于海，归于海……

——题记

寒窗苦读十年短,
朝房待漏五更寒;
山寺日高僧未起,
功名利禄不如闲。

本回提要：
战胜对手取得胜利的技巧、谋略三要素、如何聚拢人心、干部问题的基本内容

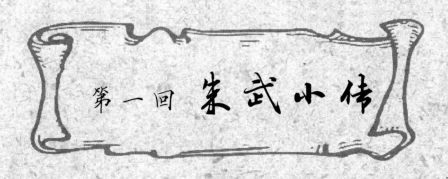

第一回 朱武小传

毫无疑问，梁山最大的管理难题是干部问题。梁山干部多，而且来自不同的山头，个个小有名气，武艺在身。干部多，人多嘴杂，互相攀比，狼多肉少；山头多，小群体活动频繁，意见不容易统一；名气大，自我意识强，不好领导；有武艺，一旦不满意就容易闹出事情。

　　管理好梁山，必须要把干部问题处理好。梁山上很多干部的成长都蕴藏着玄机。

　　古往今来，干部问题包含的基本内容，首先是解决使用问题，安排好职位，给予权力；其次是解决待遇问题，诸如工资、奖金、住房、职称；最后是在内部政治上寻求平衡。干部的使用和待遇表面上看是干部自己的个人问题，其实不然，每个干部都有自己的背景，可能分属于不同的利益集团，比如东西村上山的晁盖旧部、闹江州一起上山的团队、二龙山派、桃花山派、少华山派、清风寨派、祝家庄派等，这些团队多有自己的利益特征，并且团队成员之间也会互相支持、互相维护。有时候为了一个人的得失，团队之间往往会产生明显的纷争，甚至引发冲突，比如在花荣待遇问题上的是非问题，就引发了清风寨派还有降将派（在历次和官军作战中收服的降将）的冲突。

　　梁山的政治，一言以蔽之，就是分利集团的斗争，谁解决好了这个斗争，谁就可以为梁山之主。谁解决不好，那他就要下课。

　　令朱武十分钦佩的是，宋江凭借自己高超的悟性和卓越技巧，一直在梁山的政治问题上牢牢地握着主动权。从升任一把手开始纵横捭阖，挥洒自如，顺利地整合了不同背景、不同价值取向、不同态度的108个干部，造就了一个卓越的团队。

　　出于个人对这一领域的兴趣，我决定把其中的若干经典事例以及我本人对其中玄妙的思考一一写出来。

　　按照惯例，对贯穿全书的主人公进行一下介绍：

姓名：朱武

性别：男

职务：梁山副军师

级别：第37条好汉

绰号：神机军师

武器：双刀（其实，这是一种误解，朱武的真正武器是头脑）

职业经历：教师，少华山头领，水泊梁山副军师

从哪里说起呢？就从朱武的武器开始吧。你见过耍双刀的军师吗？没有吧。文武双全一直是朱武的理想。从小时候开始，朱武就在一边刻苦学习，一边刻苦练武。让朱武困惑的是，朱武的两位老师常常在他未来的职业生涯规划上发生争执，进而演变成激烈冲突。

这样的激烈冲突朱武见过三次，武术老师每次都可以当场占几下便宜，不过随后文化老师会持续地占上风，他每次都可以得到外界的同情和支持，进而演变成对武术老师野蛮行为的声讨——写检查，赔礼道歉，赔偿医疗费、误工费、精神损失费，被媒体曝光，被学校扣奖金，更要命的是家长们强烈要求为孩子们转班。"这个野蛮老师太危险！"这是家长们在申请理由上的一致性表述。一个老师，如果收不到学生，那是很痛苦的。

朱武十分同情武术老师，但他也很佩服文化老师。

"你知道一个文弱书生，为什么可以战胜一个身强力壮的武术高手吗？"文化老师在问这个问题的时候，神色平静，眼光深邃，看不出丝毫肤浅的得意神色。朱武诚惶诚恐地摇摇头，又似是而非地点点头。

文化老师下边的话决定了朱武一生的发展道路。人生往往是由几个偶然的关键时刻决定的，信哉！不过机遇总是选择有准备的人，为了抓住这样的时刻，朱武一直在努力。任何幸运都是有理由的。

文化老师继续说："在和别人交手的时候,一个人的胜利不外乎四种:一是你打不过我!二是你不敢打我!三是你不忍打我!四是你不知打我!

"如果我本事比你大,那么胜利者肯定是我,即'你打不过我'。但是我们常常面对综合实力比自己强大得多的对手,在这个时候,就要用头脑来战胜对方。外部资源不足没有关系,可以用智慧来弥补。策略之一是让你不敢打我。武术老师比我厉害,不过只是身体对抗上的优势,在其他方面,我可以使用我的智慧资源,调动各个方面的力量狠狠打击他,让他为自己短暂的胜利付出惨痛代价,于是下次他再也不敢造次了。

"策略之二是你不忍打我。这是一种情感手段,调动对方的亲情、友情、同情等情感因素,让对方在你面前发不出火,不忍心下手,这是一种收对手之心为己所用的技巧。

"策略之三是你不知打我。这是一种更加高明的策略。让你看不见站在你对面的人是我,让你迷惑、茫然、惶恐,不知道该怎么做。也就是老子说的:恍兮惚兮,此中有道。

"天下最厉害的武器就是无形之剑。学有形之剑不如学无形之剑啊。你明白了吗?"

自从听了文化老师的教导,朱武决定学习无形之剑了。有形之剑御三五人而已,无形之剑御天下。所谓的无形之剑,就是智慧的头脑。

不过朱武仍然没有放弃练习双刀。习武是智慧的一部分。

如果要在一个团队中发挥自己的作用，首先必须被这个团队所接纳。被一个团队接纳，需要一个基本条件，就是文化相容。文化是什么，这个太复杂，简单地讲，其实就是谈恋爱中所说的"要有共同语言"。如果朱武和一班舞枪弄棒的人在一起，每天却在和他们说着李白、杜甫、琴棋书画，那朱武肯定要变成被嘲弄的对象。怎么办？只有和他们有相似的经历、相似的体验，进而造就共同语言。和习武的人相处，最简单、最直接的办法就是自己习武。

通过习武，朱武结识了很多朋友，大家相处得很愉快。都是圈内人嘛。说实话，朱武的功夫很平常，仅仅能够防身而已，比林冲、武松两位高手不知道差了多少倍。不过这没关系。人在安排自己的学习内容时，就像一个企业在规划核心能力一样，要有战略眼光，把精力投到关键位置上去。朱武的战略重点是发展自己的智慧，武术只是一个身份符号而已。

朱武手脚上的功夫平常，但是头脑中的功夫卓越。这就是他的差异化竞争力。

靠这个竞争力，朱武首先在少华山当了一把手。

县衙脱险

不知道你是否同意，其实人是这世界上最美丽的风景。朱武之所以喜欢少华山，首先是因为陈达等一班好弟兄。

少华山是一个石头山，山势险峻，多峭壁险峰，是一个容易防守的好地方。那日朱武从山下经过，初次遇见陈达。

华阴县是一个小城，山清水秀，空气清新，是朱武喜欢的那种地方。刚到这里的时候，朱武在城东边摆了一个算卦的摊位。东方属木，木主兴旺主威仪，位在东方，可得英雄。木色为青，于是朱武穿了一件青色的长衫，每天日出的时候准时地坐在小小的卦摊前，为过往的人们占卜。这是朱武寻找朋友的一个方法。才于内,必然会发于外,英雄一定有英雄的外在行为。作为一个算卦先生,是最有机会看见各色人等的行为表现了。古往今来,很多智慧人士都是用这样的方法寻找自己的事业合作伙伴一起去打天下的。而且,这样也可以凭借自己的沟通技巧挣些生活费。妙哉!

陈达把自己打扮成一个商人模样来到了朱武的面前。朱武看得出他根本不是商人。本来想和他谈上一会儿,不料被无聊的公差们坏了兴致。那一班鸟人一拥而上,把陈达和朱武围了起来。

他们被捕了,按规定的程序去过堂。审案的张孔目威严地问:"说!是不是少华山上的贼人啊?!"

如果朱武坦白,陈达不坦白,则陈达从重处理,判二十年,朱武从轻,判五年;

如果陈达坦白,朱武不坦白,则朱武从重处理,判二十年,陈达从轻,判五年;

如果他们都坦白,各自判十年;

如果他们都不坦白,则审讯失败,无罪释放。

理论的结果是他们都坦白。这个结果正是衙役们等待的。

不过,在开审之前,朱武已经下了决心坚决不说。梁山的好汉,彼此绝对有百分之百的信任,朱武坚信陈达也不会说的。有了这份信任,朱武就坚决不坦白。事实证明朱武的信任是值得的,他们都没有说。不过可恼的是他们居然没有放人,而且说明天要大刑伺候。逼供啊!朱武只在小的时候挨过老师打手心。

陈达意味深长地看了朱武一眼,什么也没说就走了。朱武知道,陈达对自己这个算卦先生的抗打能力表示怀疑(他还不知道朱武会武艺呢,呵呵)。

为了避免被打,朱武觉得还是招供比较好。朱武主动提出面见审案的张孔目。张孔目很得意地坐在桌子背后,轻蔑地看着朱武。

这是一个本县炙手可热的人物，县太爷的表弟，深得信任，很多事情可以做县太爷的主，同时又与本地商贾过从甚密，深得有钱人的支持。说他是"二太爷"一点儿不过。朱武沉稳地站定，不紧不慢地说："小可一言，请大人深思。不必上刑，我可以招供，别人也可以。不过，这一下捉十数个强盗，大人日后恐怕就艰难了……"

"你敢威胁我！我不吃这套！"孔目很自信地叫嚷着。

朱武胸有成竹，根本不把他的得意放在眼里。"大人，在下有三不可，请深思！上峰并未有捉拿贼人的文书到本县，抓了贼人固然可

邀功时容易出问题

以向上邀功，要害却是也告诉上峰本县有贼人占山，州府必然行文追问贼人的来龙去脉，索要余党，甚至追查当初不报之责，这一干问题非同小可，搞不好求功不成反获罪，此其一不可也；况且，更有难料者，强人本为散股小盗，经此一吓，必然合为大股占据少华山林，小盗聚为大匪，拿起来困难不说，造出声势去，上头可真的要归罪本县了，此其二不可也；贼人本为钱粮，今番大肆搜捕，结下仇恨，却惹得这般人来找大人们寻仇斗恨，贼在暗处，大人等在明处，防不胜防啊，为了区区小贼害了家小性命，此其三不可也。有此三不可，今番闹市拿贼实是涉险之举，大人锦绣前程和身家性命已如悬丝火上。万望早作谋划。"

张孔目的汗渗出来了。

于是，朱武又见到了县太爷。张在县太爷耳边低语了片刻，他阴云满面地看着朱武，朱武则频频抬头看张孔目本人。县太爷不愧

是官场上的老手,立时看出了门道,点手叫过几个衙役,小声吩咐了张孔目几句,一干人呼呼地全走净了。

见左右无人了,县太爷自己离了座位,走上前来,亲手为朱武松绑,口中赔着话:"得罪得罪,先生委屈了,此番鲁莽,全是下边小人办事不力,先生见谅。"

朱武活动了一下手脚,并不答言,转身就走。对这样的宦海高手,定要迫他亲口求你,你说的话才有分量。果然县官在那边说:"还望先生指教一二,结个缘分,定当厚报。"

朱武回转身来,在县官眼前坐定……

做官有为民者、有为名者、有为利者,大凡常人入仕往往是三者皆有。但很多人知道为什么做官,却不知道如何做官。

出政绩的要领

一个好官,一个有前途的官,应该在两个方面做出成绩。

第一类是保健因素。这是尽本分的勾当,包括自身行为方面的勤于政务、清正廉洁、服从指挥;还包括作为治理结果的治安稳定、不闹饥荒、没有盘剥、没有民变等。这些因素,是为官的基础因素,不具备,就是不合格,要下课!但是具备了,也不说明优秀,因为这一切是你必须要完成的,做到了仅仅是合格而已。

第二类是激励因素。这是做贡献的勾当,包括个人能力出众、治所地富民丰、钱粮多纳、人才辈出等。这些是你做出的努力带来的贡献,有了这些,才可以升迁。

很多人不明就里,因为自己清廉、地方上太平,就指望升迁,这就好比一个管理粮仓的官,自己不偷粮食、老鼠也不来偷,于是就跟上级说，我成绩很大，你要提拔我。提拔这个人完全是错误的。因为他完成的是本分，而不是做出了贡献，他只有使粮食等级提高、周转更快、调度灵活、资产升值了，并且还训练出了高素质的队伍，这才是做了贡献。

因此，县太爷你自己就错在这里，你指望靠捕盗为自己捞政绩。太平是本地常态，你保持常态，仅仅是尽了本分，根本不是做贡献，也不可能获上级奖赏。若为政绩，你当从做贡献的方面多下功夫，于自身素养或于地方建设上做些拔高的事情出来。

这是你的第一错！

同时，没有经过仔细考虑就滥捕，埋了下结民怨、上招非难的祸根。这个刚才已经与张孔目详说。幸好及时改正，否则后患无穷。此为第二错！

你轻信表亲，把重大事情一一委与下属，既无控制也无督察，表面上逍遥，实际上危机四伏。岂不闻古语云：权借在外，祸乱始生。今日仓促抓人就是一例。放权要放于德才合适之人，并且干系重大的决策要把住，定范围、定目标、定考核，诸般要害都没照顾到就轻易放权，等于将个人的前程荣辱交于别人掌心，此为第三错！

有此三错，已是险象环生，还望大人早做计较。

朱武是空手被抓进县衙门的，出来的时候，却带了两大包礼品，不过这些礼品都不劳他亲自动手，陈达跟在朱武身后全给拿了。

 计收史进

华阴脱险后来成为江湖佳话。从那以后，陈达一直称呼朱武为朱先生。

当朱武第一次拿出自己的双刀给他看时，这个半截黑塔似的大汉呆愣了半天,他吃惊地看着朱武,半天才挤出几个字:"朱先生也会武?"朱武笑了,甩掉外边算卦先生的装扮,露出短衣襟小打扮,虎虎生风地练了一路刀法。

陈达抓着朱武的手,激动地说:"先生是当世奇才!陈达有幸了。"

少华山虽是一座石头山,但确实层峦叠嶂、草木葱茏,除了有易守难攻之利,平时也是观景的好去处。自从上了少华山,朱武每日除了练兵,就是和陈达、杨春两个兄弟饮酒看山,谈论兵法,很是畅快。

但是,他们很快就招来了祸事。

少华山的邻居是史家庄,里边住着一位老虎一样的英雄人物,就是后来著名的梁山好汉九纹龙史进。陈达好勇斗狠,非要和史进见个高低不可,结果被人家擒了去,听说要押解进县城请赏。论武艺,他们三个合起来也不是史大郎的对手,不过总不能眼睁睁地看着陈达出事。这可急坏了朱武和杨春。

俗话说,事不关心,关心则乱。跟陈达处得像亲兄弟一样,他这一被捉,朱武自己先乱了方寸,闭上眼就是陈达被斩的场面,对这个史进真是又恼又恨,连着两日瞪着眼睛也想不出好点子。杨春是个有心机的人,这夜,不知道他从哪里请来了一幅诸葛武侯的绣像,焚起了香,然后对着朱武倒身便拜,口里沉声说:"朱大哥有武侯心机,现实为兄弟情分乱了心神,万望大哥从长计议,早出良策,小弟和全山寨的弟兄都等大哥拿主意呢。"

一番话让朱武醒了许多,当夜便与杨春定了收服史大郎的妙计。

史进是个能打的,朱武是个能说的,一定要扬长避短。史进讲义气,他们救陈达正是为了兄弟义气,所以可以借题发挥。于是朱武和杨春干脆就不带一兵一卒,互相把对方捆了绳子,一起来到史大郎庄上,朱武口中只说:"我们三个是好兄弟,不求同年同月同日生,但求同年同月同日死,请大郎成全!"

果然效果奇佳,不但解救了陈达,而且还和史大郎成了生死之交。

不过,一开始,白花蛇杨春并不接受这个计策,他觉得少华山完全有实力打败史家庄,而且自己捆自己给人家送上门实在太丢人,会被江湖人耻笑。

于是,朱武对他开展了耐心的解释和说服。

大凡英雄谋略,都要考虑三个要素:一个是面子,一个是良心,一个是利益。

凡上策必得其三,有面子、有良心、有利

英雄谋略三要素:面子、良心、利益

益;中策得其二;下策仅得其一。古今莫不如此。

当年张松献图,劝刘备西图巴蜀。刘备说:曹操奸诈残暴,我和他相反,仁厚忠信是我的信条,所以天下人才会归附我。刘璋是我同宗,怎可乘人之危?为了小利而不顾大义是不可以的。

在这一轮决策中,刘备把良心和面子放在了首位,认为良心和面子本身就是长远之利。

随后,庞统劝刘备说,荆州小地,资源缺乏,巴蜀沃土千里,物产丰富,人才辈出,确实是可以成大业的地方。从未来发展看,还是要夺巴蜀。至于名声问题,古人推崇"逆取顺守",就是说用阴谋手段取得了也不要紧,只要取得之后推行仁义、勤政爱民就可以补救了。至于良心不安的问题,也很好解决,只要事成之后,善待刘璋,厚厚封赏就可以了。做大事成大业,不能被小节所束缚。

在这一轮决策中,庞统分析了形势,认为良心和面子是暂时的问题,以后还可以补救,但是利益问题却是紧迫的,没有了根据地就没有了未来。他劝刘备先顾生存,再考虑长远。

于是刘备终于决定假意帮助刘璋,借机夺取巴蜀。

入川之后,刘备并未马上下手,而是带兵帮助刘璋北拒张鲁。

大军屯驻在葭萌关,庞统建议刘备抽调精兵,乘刘璋没有防备袭击成都,一战成功,认为这是上策。刘备却选择了一边广施恩德,收拢民心,一边在军中先除掉刘璋大将,然后静观变化,等刘璋动手之后自己再动手的中策。

在这一轮决策中,庞统依然把利益放在首位,希望快速取得巴蜀的控制权。而刘备在权衡之后,再次把面子放在了首位,袭击成都确实可以快速得利,但是在天下人面前毕竟落下了话柄。刘备宁可晚些得巴蜀,也要边收民心边等刘璋先动手。

在这种情况下,得巴蜀已是早晚的事情,利益问题变得不再紧迫,因此,刘备把眼光放在了保存面子上,因为面子就是形象,形象就是民心。

因此,古往今来的英雄豪杰在每一步行动中,都是不断地在权衡面子、良心和利益这三个谋略要素。而实际上,这三个要素也是相辅相成的。核心就是处理好形象与实惠的平衡问题以及眼前利益和长远利益的平衡问题。

抓住了三要素、两平衡,也就把住了谋略的精髓。

朱武收服史进也考虑了这些要素。

史进一介武夫,要选择战,当然也可以出很多招数来对付他。杨春就觉得通过战争手段是上策,因为打败九纹龙面子光彩、救出陈达对得起良心、吃掉史家庄实惠丰厚。

朱武却不这么看。从利益上看,吃掉史家庄不如收服史家庄,多一个帮手要比多几车金银更要紧,而且还不损失一兵一卒;从救人上看，和平手段对陈达的安全更有利，万一打急眼了，史大郎真的会先杀了陈达；从面子上看，自己把自己捆起来给史大郎下跪似乎很没有面子（杨春对此确实很难接受），不过大丈夫屈尊拜英雄并不丢面子。宋江头领每次招降下属的时候，都是大礼参拜呢。天下人不但不嘲笑他，反觉得他忠厚仁义。更何况，为了救一个兄弟，把自己绑起来给人家送上门，这种壮举在梁山是绝无仅有的，可以在江湖上博得大大的认同，实在是不丢面子反得赞誉的巧着妙计！

在朱武的一番分析之后，杨春终于服气了。实践证明了这次以柔克刚收服史进，确实对以后少华山的发展起到了关键作用。

宋江改名

少华山几个英雄上梁山的时候，正逢梁山声势壮大，三山聚义打下了青州城，而后又破了西岳华州，而后又在芒砀山收服了樊瑞等人。众英雄建了这么多功绩，一番东征西讨之后，少不得论功行赏。

宋头领安排了前山一处精致的宅子给朱武。朱武是个好风景的人，得了这个院落，面对水泊，俯看山川，实在是很兴奋。等搬完了家，都安顿停当了，朱武特意来向宋头领道谢。

这是朱武第一次和宋大哥单独谈话。

宋大哥说话的时候总是笑呵呵的，一团和气："朱武贤弟，江湖上都唤贤弟作神机军师，山寨正是用人之际，一干好汉中，武艺超群的不少，谋略过人的却不多。还望贤弟日后为山寨多操心劳神哪！"

朱武忙欠身，说："小弟自当尽力，宋大哥放心就是。"

宋头领见朱武这般谨慎，就摆摆手说："贤弟不要拘礼，上得山来，大家都是好兄弟。愚兄今日请贤弟来，是有事想要讨教的，不如我们后园讲话。"

宋头领的院落很大，住着一大家子人，宋太公和宋清住左边院套，右边院套是宋头领自己一家人住。后边特意开辟了一个小花园，种着时令的花卉。在小草亭中重新落座后，小喽啰上了些陈年的花雕和几样小菜，宋头领亲自为朱武斟酒，酒过三巡，谈话转入正题，宋头领问道："自破青州以来，山寨又增加了二十几位头领。家业是越来越大了，人也越来越多，依贤弟看，这么大的队伍该如何管理呢？"朱武把手中的杯子放下，略微沉吟了一下，然后讲出了自己的一番道理。

聚拢人心的三字箴言：送、公、明

干事业，最要紧的是聚拢人心，群策群力。而要聚拢人心，最基本的事情是要合理回报，说白了就是一个字——"送"。

送的要领：一是要送得贴切。人各有所求，各有所好，要因人而异，该给钱财的给钱财，该给提拔的给提拔，该给荣誉的给荣誉。二是要送得大方。对有贡献的人就要充分回报，这样才能让大家奋勇争先。三是要送得及时。奖赏之事，不可拖延，拖延了，不但影响效果而且会寒了人心。送的过程中，还有两个要害必须把握，否则送得越多，效果越差。

第一个要紧的事情是要"公"，即公正无私。

当年汉高祖刘邦定了天下，开始封赏功臣，整个长安吵得乱七八糟，大家都在争功抢功，局面很乱，稍不留神就可能出大乱子。这个时候，刘邦请来了谋士张良，问张良怎么才能控制住局面。张良说："很简单，主公要先封雍齿。"雍齿是刘邦的旧部下，曾经投降项羽，给刘邦造成了巨大损失，刘邦曾经恨恨地说，等得了天下第一个就把雍齿烹了解恨。张良说："全天下的人都知道大王最恨雍齿，现在你先封雍齿，所有的功臣都会看到大王封赏是绝对公平的，连雍齿这样的仇人做了贡献都可以受封，更何况别人呢？这样大家就不会再争抢了。"于是刘邦封了雍齿，果然人们的争吵平息了。慷慨奖励曾经的对头，这就是"公"的威力。

第二个要紧的事情是要"明"，即明察秋毫。

大汉中兴皇帝光武帝刘秀打败了王莽，收服了各路豪强，统一了天下。论功行赏的时候，功臣们也是吵得乱七八糟。这个时候，刘秀发现一个人很特别，他就是功臣冯异。每次其他人争功的时候，冯异都不参与，自己一个人安稳地坐在大树下。刘秀赞道，真是"大树将军"。于是刘秀就先封了冯异。封完以后，大家不吵了，因为他们发现连最默不作声的人也得到了应有的赏赐，主公一定是把什么都看在眼里、记在心里了，再吵也没有用。及时奖励最默默无闻的人，这就是"明"的威力。

"所以，"朱武总结道，"最要紧的就是三个字，一定要'送'，而且要送得'公'，送得'明'。"

一席话说得宋江哈哈大笑，脱口赞道："朱武兄弟好谋略，好一个'送'、'公'、'明'啊！"

与宋头领的这番对话对朱武在梁山日后的发展产生了重要影响，也奠定了朱武在宋大哥心中的位置。

酒喝到半酣的时候，李逵大步流星地闯了进来，口中叫道："哥哥，晁天王在前山杀人呢，哥哥不去看看吗？"宋大哥闻听此言不由大惊失色，手中的杯子啪的一声掉在地上。欲知晁天王要杀何人，且看下回"天王意外"。

本回提要：
印象管理的要点、取得领导赏识和信任的行为策略、成功领导的行为要诀、精兵的条件

第二回 天王意外

上回说到,宋公明哥哥一听天王要杀人,手边的杯子不由得啪的一声掉在地上摔了个粉碎。李逵看见宋江一脸张皇,不由得大笑说:"哥哥怎变得如此胆小,当年闹江州,剜那贼子黄文炳的心肝,血都溅到哥哥脸上了,也不曾眨过眼的。天王哥哥杀个把人算什么啊。"宋江一脸忧虑,一字一句地说:"不祥之兆!"唬得黑铁牛张着嘴,半天说不出话。

晁天王要打曾头市,大风吹折了大纛,出征众将个个心惊。当日,宋公明哥哥就请求代替天王出征,天王却执意不肯,还闹出了不愉快。两位军师意见相左,公孙胜先生主张天王出征,吴用哥哥却要保举宋江代替出征。天王也当庭摔了杯子,朗声道:"我梁山替天行道,心地坦荡,哪里能像鼠辈一般见了点风吹草动就没了胆子!吴军师的意思,难道只有宋公明不怕死担得大义,我晁盖却不能?!"说完便拂袖而去,甩下吴用和宋江两个人呆坐在那里,脸上一阵红一阵白的。

"朱武贤弟对天王杀人的事情如何看待呀?"

宋哥哥一脸诚恳地看着朱武。

而朱武却什么也不能说,只好应道:"未知天王因何杀人,难下断言啊,敢是与此次出征曾头市相干?"

宋江哥哥一脸心事地带了李逵匆匆离去,朱武自己寻路回前山住处,半路凑巧遇到跳涧虎陈达,陈达问道:"哥哥不去看看天王到底杀什么人啊?"

朱武摇摇头,说:"我已经知道天王杀什么人了。"陈达好奇地看着朱武。一个络腮胡子的大汉有这种孩子一样的好奇神态,真是好看得很!

"晁盖哥哥本来要出征,前日因大纛被折的事情,失了锐气,心里不痛快。公孙先生当堂支持晁盖哥哥继续出征,必定还有下文。作为罗真人的弟子,正是他显本事的时候。估计他会给天王哥哥出些去晦气、振威风的办法。杀人祭旗应该是他的点子。要杀的人，无非两类，一是在曾头市抓的舌头，再者就是上次俘虏的官军。

"宋江哥哥之所以着急，是因为他看出了些事情。

"很简单，天王为什么这么着急要亲自打史文恭，是因为天王急着要建功立业。自劫生辰纲以来，天王还不曾有震动江湖的大手笔买卖。倒是宋公明哥哥声誉日隆。天王是个红脸汉子，坐了梁山头把交椅，怎肯甘居人后。现在梁山队伍日益庞杂，作为大头领，最关注的莫过于自己的威信，因此天王是急于做出点大事情来。本来就立功心切，不料天不作美，风折了大纛，恼恨间又有众兄弟提议宋江代替，触了天王的心事，所以难免一番脾气发作出来，搞得吴军师和公明哥哥格外尴尬。

"宋江哥哥何等样人，当即明白了天王大半心思。今天天王杀人，更表明了天王一定要做成这个买卖的决心，这个决心越大，说明天王越在意，那么宋哥哥的压力就越大。"

陈达似懂非懂地点点头，说："那宋哥哥应该怎么办呢？"

"其实挑战宋哥哥的正是今日杀人的事情。今日要杀的人，都是前日宋哥哥保过的。"

"那宋哥哥岂不是很折面子？"

"折面子倒在其次，主要是宋哥哥担心江湖上会起风言风语。"

"是不是宋哥哥担心人家说他不讲信义，保了的人，又杀了？"

"这个倒是次要，宋哥哥最担心的，莫过于人家传言梁山头领不睦，害了梁山威信啊。"

"那宋哥哥应当如何呢？"

陈达提了一个关键的问题。朱武在星火之间，仓促地想这个问题。"没有确定的答案。不过我知道，宋哥哥万不可保那两个人的命。"

陈达搔了搔大脑袋,更加疑惑,说:"为什么啊?我觉得应该保的啊!那两个人本不该杀的!"

"正是。越不该杀就越不能保。你想晁哥哥杀人为什么,为的是顺利出征。出征又为了什么,为的是立威风。为什么这么着急立威风,因为有一个人更威风,这个人就是宋哥哥。这当口,宋哥哥若出面阻止天王,天王会不会觉得宋哥哥保人是虚,干预自己成大事是实?"

"天王哥哥哪有那么小心肠,不会的。"

"嗯,就算天王不会,但还有一层更要紧。你想,宋哥哥若是把人保下来说明什么,说明天王杀错了!还说明什么,说明宋江比晁盖更仁义!以自己的仁义陷天王于不义,这样的事情,宋公明会做吗?就算做了,别的兄弟会怎么看、怎么想?天王自己又会怎么看、怎么想?

"所以,宋哥哥不可保,保就是逼宫啊。不但恶化关系而且损失威信。"

陈达沉吟了半晌,说:"那哥哥怎么不告诉宋头领啊?"

朱武无奈地笑笑,说:"我只是事后诸葛亮而已!"陈达憨憨地看着朱武,一脸钦佩地说:"事后诸葛亮也了不起啊,要是我,想半辈子也看不出这个奥妙!"

陈达哪里明白里边的事情啊。宋哥哥杯子摔在地上的刹那,朱武就明白一切了。宋哥哥摔杯子摔的是什么,摔的是无奈啊。道义在前,人命关天,自己却不能援手。

晁盖哥哥意气用事,宋江哥哥也只有委曲求全了。这是大节。

朱武作为副军师,这一切看在眼里却不可说破。

春秋战国的时候,齐国的隰斯弥和权臣田成子一起登上田成子家新盖的高台欣赏景色。台子三面视野开阔,美不胜收,唯独南面隰家宅院里的树木挡住了视线。田成子神色如常,谈笑依旧,只是眼睛微微眯了眯。隰回到家里二话不说就动手砍树，一个亲信问他原因，他说："咱家的树挡了田大人楼台的视线，不砍能行吗？"于是大家也都很慌张，就加紧砍树。可是砍了几棵以后，隰却紧急制止了众人，要大家停工，树不砍了。亲信又问为什么，隰拍拍头说："田成子是要干大事的人。如今我从他细微的眼神中看出了他的心思，让他知道了，这还了得，我岂不是真要危险了。所以树无论如何不能砍了。"几棵树不会掉脑袋，看透人家心思那可就不一定了。《列子·说符》上说能知道深水里有鱼的人不祥，能看透隐藏事情的人有危险！就是这个道理。

聪明人往往会比迟钝的人死得快，奥妙就在于聪明人更让人感觉危机，更容易让人防备。所以，如果聪明人不知道什么时候使用自己的聪明，那还不如干脆做一个迟钝的人。大聪明救国，小聪明败家，就是这个道理。

在一切未明朗的时候，朱武想自己也要学学隰斯弥。不过朱武也要顺便观察一下宋公明，看看他的应变能力到底如何，就算朱武追随他之前给他的一个行为测试吧。

天下最可怕的逼宫是什么？就是不动刀兵，专以道德民心为利器。忠臣孝子往往以道德民心为武器来匡正领导行为，而且他们总是以为自己是最无私的，所以最安全。殊不知恰恰因为这一点，他们对领导的威胁反而最大。领导怎能把自己放在道德的对立面？所以每次都会屈从。每次屈从之后，都会心生恐慌和无奈。天长日久必定要出手的。

所以，忠臣孝子往往先死，而且至死不悟。

他们死就死在一条上："自己手握道德，凌驾于领导之上，要领导低头听话！"

演武场上，两个人质到底是杀了，宋哥哥没有求情。

宋江的印象管理

曾头市战斗不利的一半原因是天王求功心切。欲速则不达，兵家贵周贵密，一旦求功心切，就难免心浮气躁，动静失机。

先有心术，后有兵法。

不过万万没有料到的是天王会出意外！

天王去世的同时，所有的梁山兄弟都把目光集中到了宋公明哥哥身上。事实已经一再说明只有他才是真正的梁山之主。

小事见民心。

曾头市一战，很多兄弟受伤。为了方便照顾，山寨所有伤员都集中到后山，由安道全先生统一负责。有一个原来少华山的兄弟断了肋骨，因嫌后山太乱，就来走朱武的关节，希望在前山小寨中安排个去处休养。这个兄弟当年有恩于朱武，这点事情还是要帮忙的。朱武就悄悄改了一下名册，把他安排在小寨里。不料隔日正和兄弟在寨中闲话，忽然外边一声喊："宋大哥到！"门一开，宋公明哥哥迎面走了进来，旁边跟着梁山泊有名的黑脸铁面孔目裴宣。当时朱武心里就是一惊，未等他开口，裴宣上前来问朱武那弟兄："你可是前日山寨下令该到后山休整的弟兄？"朱武那弟兄支支吾吾一时语塞。朱武见事情已如此，便道："裴大哥休问他了，一切都是小弟的安排……"

"朱武贤弟多心了！"宋公明哥哥已经看出了朱武的不自在，笑呵呵地把裴宣挡在了身后，"此次出征兄弟多有伤亡，日前安排伤者，每人发了些银两酒肉，因听裴宣说你这里还有一位，今天特来看望。"

说着话，宋大哥把脸转向朱武那弟兄，说："这位兄弟一身忠义，甘冒箭石，山寨自当好生安置，我这里有些银两酒肉，前日已给了后山众兄弟,今日特来送与你。"

一席话说得那弟兄当时跪倒在地,说:"多谢宋大哥仁义,小的已经犯了山规,又怎好再受这些恩惠。"

宋公明哥哥语重心长地说:"这位兄弟,你是山寨有功之臣,我梁山乃是忠义之地,聚义到此皆是兄弟,我这个做哥哥的,自当体察兄弟们的甘苦。前日后山众兄弟已领了银两酒肉,我见独没有你的,就特来相送。你为梁山受伤,哥哥我只怕处置不周冷了你的心呐!"当时在场的头领、小校听了此话无不动容。宋公明哥哥做事情不得不让人佩服。

从小寨里出来,宋公明拉了朱武的手说要叙谈一番。朱武二人不走大路走小径,直来到水岸边的草亭。正是水草茂盛的时节,从草亭望去浩渺的水泊上清风习习,水鸟起落。宋公明并不开口,朱武料想他有要紧话说,便静等他酝酿。二人立在亭上看了许久风景,宋公明才徐徐地问朱武:"贤弟对山寨头领一事如何看?"

朱武并不回答,却拿话来问他:"哥哥请看远处那山岭。"

"哦?"宋哥哥猜不透朱武的奥妙,含笑转身看着那些山岭问:"山岭有什么特别处?"

"哥哥你看那些山,哪个最高?"

"这个好说,远处那侧立的一个最高。"

"哪个最奇?"

"这个嘛,该是中间的一个玲珑突起的最为奇特。"

"那么哪个最有气运?"

"这个就不好说了,要端详一番。"

"哥哥可看到龙形虎形的山岭?"

"嗯,你一提醒我倒看出些样子来,怕是近处蜿蜒盘抱似卧龙的最有气运吧!"

朱武笑了。于是就借着山岭给他发一番宏论出来。

印象管理的要点：利义、情义、道义

看人和看山是一个道理，人中选秀好比看山，浅表的特长一看便知。凡下等岗位，以做事为本，只要有些浅表特长也就足够。

选头领则不然，群龙不能无首，头领是大局，关乎气运兴衰，看浅表不够，要看深些。偏偏往深里看是很艰难的事情，试问有几人真能察形、观骨、望气、通神呢？众人做不到，但是头领还要众人选，所以众人就要凭两个字——"印象"。做领袖往往要从这两个字上做文章。

印和象又有所不同。印是你做的事情让人知道多少，好比山让你看见多少。象是这些事情被人家知道以后，人家心里怎么看待你。好比是你觉得山是龙形还是虎形。这种看待都来自于你对让人知道什么、知道多少、什么时候知道、通过什么渠道知道、哪些人知道等一系列方式方法的把握。

印象的核心就是一个字——"义"。义的奥妙在于它是一种社会资源，它是和别人的关系资源，所以独善其身的人，有德有才也就够了，但是要想兼济天下，在群体中做领袖，那没有社会资源是万万不行的。这个社会资源就是"义"字。这个字的本质是讲一个人对别人的价值和别人对他的认同。

义有三种：利义、道义和情义。

利义是和利直接相关的一种义。对于踏踏实实过小日子的普通百姓来说，利是最实际、最紧要的资源，通过散财让利，最容易取得他们的信任和支持。宋江哥哥广散钱财，从不吝啬，在江湖上才得了"及时雨"的美誉，名声远扬，一呼百应。

不过利义可以收小民，却不能得高士。历朝历代都有些高士，他们胸怀天下，志气非凡，不为财货所动，不为斗米折腰。这些人是不可用"利"的手段来影响的。他们适应的是另一个字——"道"。要用天下大道、人间正道、人心公道来吸引他们、激励他们。有了这些，才能在他们心中占个"义"字。还有一类人，他们是至亲至爱之人，血脉相连，心意相同。这些人要的是一个"情"字。

所以，要得民心，就要用这三种义：在下为利义，在上为道义，在亲为情义。有了这些，就等于大山有了龙虎之象，自然是众望所归。

宋公明开始是站着听，后来逐渐坐了下来。朱武说到这里的时候，他再次站了起来，一脸的振奋。朱武继续滔滔不绝地说。

古往今来权力无非两类：一类是人家给你的，比如任命、赏罚、可供调动的钱粮，这些来自制度；另一类则是你自己造出来的，比如你自己的口碑、民心民意、你的本事和修养，这些来自个人。

所以古往今来，成大事的人有两条路可以走。一条是由内而外，先自己长本事、收民心，从小范围、小群体做起，一点一点做大，逐步争取外部资源，最终拥有天下。比如汉家中兴天子刘秀就是一个很好的例子。另一条路是由外而内，先获得外部的支持，具备了合法条件以后再长本事、收民心，逐步控制天下。比如汉武帝刘彻走的就是这个套路。

第一个套路比较适合出身平白的人，往往是一条创业路。

第二个套路比较适合出身显贵的人，往往是一条守成路。

梁山草创之中，要做这个团队的领袖，当然要走第一个套路。要走这条路，至关重要的还是"印象"二字。

聪明人和聪明人说话点到为止。朱武相信这次谈话，是继上次朱武帮他改名字之后，他们之间关系的第二次飞跃！

晁盖选的接班人不是宋江

和宋公明哥哥分手以后,朱武一个人回到小寨。那个养伤的弟兄早请到了史大郎、花和尚、白花蛇、跳涧虎等一干老朋友,大家做了一个欢喜的宴席,正等朱武归来。

和一般性情中人相处,真的别有一番畅快舒爽。酒一直喝到半夜,史大郎吃得半醉了,不断地问花和尚:"哥哥你说说,宋公明哥哥这般义气的好汉,为何天王偏不叫他做山寨之主,冷了兄弟的心啊!"鲁提辖究竟是官场上的,并不和他扯些闲话,每次他来纠缠,只管拿酒去应对。倒是陈达、杨春两个有点按捺不住,要接话茬。为防他们酒后说些鲁莽话,朱武率先提议散席。

送走了众家兄弟,朱武一个人坐在灯前,脑子里想的却是九纹龙的那个问题。实际上他是有答案在心里的。

取得领导赏识和信任的行为策略

要顺理成章地做接班人,光有民心还不够,还要解决如何管理好你自己的上级的问题。他满意了,认可了,一切才有机会。这是关系存亡兴衰的大问题。

凡大问题,必有简单而直接的答案,这个也不例外。其实,基本原则只有三个:

(1) 先为人后立事;

(2) 立事不居功;

(3) 有功常有求。

宋哥哥在处理和自己的直接领导的关系上并非无懈可击。他有三个失误。

失误之一是立事多于做人。不是说做下属就不需要干事情，恰恰相反，下属必须要做好分内事，这是最基本的，否则下属也就失去了存在的意义。奥妙在于做事情的同时，注意言行，多沟通、多汇报，谦虚谨慎，给上级一个良好的印象，越是做重要工作的时候，越需要这样去把握。作为一个下属，要十分注意的一点就是不要平时不沟通、不请示、不联络，事情结束了把结果一报了事。

很多人常常觉得，我自己会做事情，能把事情做好，我平时理你做什么，只要把事情做漂亮了，给你一个好结果就行了。其实不然，上级处在那个位置上，他一需要了解事情的进展，施加自己的影响；二需要你的认可和忠诚。这两点决定了下属不但要把事情做好，还要把沟通做好。身为一个下属，不光要给结果，还要给感觉。所以作为一个下属，做事就是做人，成功的下属要把做事当成做人。宋哥哥自上梁山以来，领兵带队四处征讨，屡立战功，每次都是打了胜仗吹吹打打班师回山寨来，这属于典型的只给结果，不给感觉。缺少的是过程中向天王的沟通和汇报，天王产生了置身事外、无法参与和不被认可的感觉。宋哥哥的功劳越大，天王的这种感觉就越强。于是一把手和二把手之间的裂痕也就逐渐产生了。

失误之二是宋哥哥过分专注于立功。做事情当然为的就是成功，但是，这个成功是不可全部作为个人功劳的。下属的职责是把事情做好，同时在成功的过程中给上级搭建平台，让上级也有功。而且常常是要多多把功劳归于上级的正确领导和大力支持。此举有三个好处：一是把自己的光荣和上级的光荣联系起来，你越好人家越好，就没人打压你、忌妒你；二是此番为上级着想的良苦用心，一定会被上级理解和认可，会极大促进上下级之间的关系，为以后的进步奠定基础；三是大家的眼睛是雪亮的，到底谁贡献了多少不用你自己喊。你把功劳归到上级那里，既取得了领导的支持也在群众中博得了谦虚谨慎的美名。这个一举三得的做法宋哥哥很少采用，每次下山取得胜利，他往往都是宣传个人，没有注意维护晁盖天王的影响力和威望。所以，尽管他立了那么多功，成了那么多事，交了那么多人，到头来天王还是给他的接班设置了巨大的障碍。因此，下属确实需要专心立事而不居功，只有不居其功才能不白费功。

失误之三是宋哥哥专心建功立业，对晁天王这个直接领导并无所求。当年，秦国大将王翦带领六十万大军伐楚。从拜将当日开始，到抵达楚国边境，王翦一连三次给秦始皇上书，为自己、自己的儿女和本家的亲属求讨封爵和田宅。当时，王翦身边的人都责怪王翦过于贪心了，担心这样会被皇帝责怪。殊不知，这是王翦向皇帝表达忠诚的一种手法。此举给皇帝显示的信息是，虽然我手握全国的兵权，可以灭掉一个国家，但是皇帝，我还是有求于你，你那里有我想要的东西，离开你我是不能独处的，得到你的认可和支持是我最大的满足。

此举果然奏效，平素多疑的秦始皇对王翦十分信任，放手授权，使王翦顺利完成了任务。宋哥哥缺的是王翦的这份心机。他太过独立，有自己的小圈子、自己的死党，在江湖上名声日隆，手握梁山兵权，却从来没有向天王要求过什么，这就意味着天王的认可和关注已经对他没有价值了。很明显，给人的感觉就是他追求的下一个目标就是取代天王做山寨一把手。这种感觉当然让天王不由自主地不舒服。

所以，天王之所以迫切地要下山，也正是由于形势所迫。宋哥哥的策略性失误客观上促成了天王在曾头市受伤，而且也直接导致了天王在临终时刻不肯把位置传给他。

卢俊义只能当二把手

这个冬天是一个紧张而忙碌的冬天，整个梁山都处于紧张的战争状态，打大名府、打关胜、打水火二将，又打曾头市。朱武是处于二线的人员，基本上未参加任何战斗，主要的任务就是在山寨做后勤保障工作。筹备粮草、安置伤员、打造军器，一应事务着实忙碌了一番。

这个冬天朱武又知道了很多英雄的名字：大刀关胜、丑郡马宣赞、井木犴郝思文、神火将魏定国、圣水将单廷圭、急先锋索超。不过最如雷贯耳的一个名字是河北玉麒麟卢俊义。卢员外号称河北三绝——人品第一、财富第一、武艺第一。至今在朱武的小库房还收藏着卢员外上山前制作的四面小旗子，上边是他手书的诗："慷慨北京卢俊义，金装玉匣来探地。太平车子不空回，收取此山奇货去！"敢以一人之力向整个梁山挑战，确实是英雄气概。

真正开始关注卢员外是在他生擒史文恭之后。因为按照晁盖天王的遗嘱，他是要当山寨大头领的。可是他做了大头领，宋江哥哥便要屈居其后。朱武觉得这个可能性很小。当领导首要的是在团队里有人气，这一点宋公明大哥无人能及。在弟兄们的印象中宋大哥已经成了义气的典范，梁山的天然继承者。

由于连日的劳顿，朱武得了感冒，便请了三日假在小寨中休养。正是初春时节，地上的小草茵茵地探出了头，远处八百里水泊在几天的小雨后也涨起了水，弥漫着氤氲的水汽。朱武睡到日上三竿才起来，斜倚在窗前，披了衣服读《战国策》。正读之间听见窗外一阵嘈杂的声音，远远望去，却见大队人马正在编队开拔，浩浩荡荡从前山三关一直绵延到后山校军场。

看来又有大的军事行动了。

正待派人去打探,外边的小校却来传报,说有客人来访。这位不速之客正是大名鼎鼎的河北玉麒麟卢俊义。这是他们平生第一次谈话。

寒暄了几句后,卢员外把自己与宋江哥哥相让第一把交椅,最后决定抓阄分兵攻打东平府和东昌府的事情给朱武介绍了一下。朱武笑了,估计这又是军师哥哥想的主意吧。卢员外取出了铁面孔目裴宣下达的调兵令,说:"久闻朱武贤弟深知兵法,卢某此次攻打东昌府,有几事请教,望贤弟赐教。"

"员外客气,员外河北三绝,谁人不知,兵法上一定也是造诣深厚,该是朱武向员外讨教。"

听朱武这么说,卢员外一下变了脸色,急切地说:"贤弟休这般客套,小兄略知兵法,却未曾真的开兵见阵,这次来向兄弟讨教,并非为了个人荣辱。古语言道'兵危战凶',一旦出征,这几万弟兄的性命就全在愚兄手上了,干系重大,不可不慎啊。还望贤弟以大局为念,坦诚相待,莫要这般虚让!"

说着话,卢员外居然要行大礼。

朱武心头一热,忙把员外扶住,说:"员外莫要如此,小弟遵命就是。"

卢员外再次拿出那份文书,平展在桌案上,字斟句酌地对朱武说:"兵法云'兵不在多而在精'。我观梁山军将,良莠混杂,此番调马步军一万、水军三千与我,加上我本部中军共得一万五千军马。这些军马我拟重新整编,只选三五千精锐出兵。敢问贤弟以为如何?"

朱武手拿了《战国策》放在员外眼前,沉声说:"当年战国七雄互相攻伐,赵国名将赵奢屡建战功,有人给赵奢进言说:'大将军每次用兵动辄十几万、几十万,劳民伤财,国几不堪其重负,兵法说'兵不在多而在精'、'天子将兵不过三万',将军难道不可以少用兵将，只选精锐吗？"

卢员外眼睛一亮，说："兄弟读得这般好书！但不知赵奢如何看法。"

朱武沉吟了一下，霍然起身，快步去兵器架上擎了条虎头枪，回身笑道："员外看枪！"

说着话一条枪旋风似的送了过去。好个卢员外，虽惊不乱，撤步收身只轻巧地一闪就避了过去，大枪嘭的一声钉在柱子上，鲜红的枪缨犹自突突乱颤。朱武这边并未收手，拈了把精钢匕首，喝一声："员外小心了！"说着一张手，寒星闪烁着直奔他的胸口。员外叫了一声："来得好！"让过了匕首尖，一把捉住了匕首把，反手哨的一声把匕首插在了桌子上。

"不愧是河北玉麒麟，小弟开眼了！"朱武笑道。

卢员外纳闷地看着朱武，说："不知道贤弟是何意啊？"

朱武取下那杆大枪，顺过来放在桌子上，说："员外请看，用兵的妙处全在这枪上。"

卢员外显然被朱武说动了心思，眼睛定定地扫视着虎头枪。

"员外，这枪好比是一支人马，枪头是最精锐的军将，枪杆、枪缨和枪把则是差一些的。用枪当然要用枪头去刺，打仗也当然要用精锐去攻击。不过，枪要是没了枪杆、枪把和枪缨，岂不是不成枪了！成了何物呢？就成了这匕首。"

精兵与多兵的辩证关系

朱武徐徐地拿起匕首解释：

"这匕首自然也能攻敌，但是攻击力、攻击范围都减弱了，而且自身的防御力也下降了。枪和匕首一强一弱，并不差在最精锐的部分，恰恰是差在普通的枪把、枪杆上。

"同样的道理，用兵不可以只有精锐，还要有其他军马充作枪杆、枪把，以强其力、壮其威、全其形。员外以为如何？"

精兵的条件

卢员外沉吟了一下，说："贤弟好兵法，愚兄却是还有疑惑在此。愚兄也略读典籍，前朝北魏怀朔镇将葛荣造反，大军号称百万，北魏大将尔朱荣仅以七千铁骑，一战成功击杀葛荣，这岂不是精兵取胜吗？"

"卢员外果然谙熟掌故，尔朱荣之所以能胜，其胜有三：一是葛荣轻敌，未曾有周密部署；二是军队散漫列阵，如大手张开五指，彼此不能照应，不能形成拳头；三是尔朱荣采纳奇谋，集中精锐突袭中军，速战速决擒拿了葛荣，主将一失全线溃败。就好比一个猛士以匕首搏熊，熊毫无准备，四肢散开，要害暴露，正好突击决胜。

"此番东昌府却大有不同。官军早有防范，占据坚城之后，收拢兵力，以逸待劳；更兼东昌府兵马督监张清武艺高强，治军严谨；东昌知府亦是清廉之士，文武同心，上下用力，兵多粮足。这好比一只大熊躲在巢穴里，戒备森严，爪牙锋利，若是拿了匕首近身肉搏，岂不是凶多吉少？只可长枪大刀围而困之、聚而歼之。所以东昌一战，未有奇谋不能速胜，只合大军围城，以我梁山雄壮军马徐徐图之。故此军马数量不可少于万人啊。"

一番话说得卢俊义频频点头，说："朱武贤弟果然神机妙算，真不愧神机军师。愚兄冒昧，想请贤弟出马参赞军务如何？"

朱武自己倒是真的想找个机会在众家兄弟面前试试身手，无奈将令难违。而且朱武自己也吃不准这番战事不让他参与，是宋头领、吴军师等人不晓得他的本事，还是另有打算不肯让他出马。这一层却不好和卢员外说破，朱武只是拿话去安抚他："员外不可啊，大军调动，将令难违，小弟已另有差遣，怎可自行其是。况且东昌一战，吴用、公孙胜两位军师都在员外麾下调遣，员外大可安心！朱武不才，蒙员外厚爱，感激不尽！"

卢员外是个爽利人，一番谈话两厢投机，晌午时分他们又一起小酌了几杯。临走的时候，他抓着朱武的手说："贤弟高才，当有大用。无论小兄做得做不得这山寨头领，来日在这梁山建功立业皆须仰仗！"

这次见面为朱武日后成为梁山副军师奠定了基础。

卢员外约朱武去他大营走走。朱武正好无聊，隔日就带了三个小校来到他的大营。

营中军容严整，一派忙碌。中军大帐却不见了卢员外。

旁边的旗牌官说员外去后营督造了。朱武很纳闷，就去后营观看。却见卢员外正口干舌燥地指挥一千军士搭建粮库。一个全军指挥员居然做起了这个营生。这个事情本来是该青眼虎李云负责的呀。见卢员外干得兴起，朱武也不便打扰，就去左寨寻李云说话。本来担心他会更忙，不料李云好悠闲地在吃茶点。朱武纳闷地问："中军主将在那里做盖房子的营生，你这个督造房舍的却在这里享清福啊！"李云苦笑着说："朱大哥休要取笑，不是我手懒，实在是卢员外十分精细，一干式样全都要比照他的心意。后来干脆把我打发回来了。"朱武心中不禁暗笑，这个卢员外在河北的时候一定也是大造房产的老手啊。

在李云那里闲扯了一会儿，回到中军已是日头偏西了。卢员外正在那里批示军报,旁边放了一个热水盆,时不时用热毛巾擦着额头。亲兵心疼地说:"员外连日来内外忙碌,几乎就没怎么合眼。"果然朱武用眼观瞧,发现卢员外的眼睛布满了血丝,一脸倦容。

见朱武来了,卢员外笑容满面地起身相迎,硬要朱武陪他去看军前的鹿寨。朱武提醒他:"员外要注意休息啊。"卢员外摇摇头,说:"事情太多了,要件件处理完。身为大将,责任重大啊。"见他如此执拗,朱武也不好说什么,就索性陪他去看了一回鹿寨。几个前军做鹿寨的小头领又被员外喊在一起细心地嘱咐了半天。临走朱武问几个人前军主将是谁,他们说是美髯公朱仝和插翅虎雷横。朱武问卢员外这两位哪里去了?他说,他也不知道。

朱武不禁暗暗为卢员外叫苦。似他这样做法,凡事只管自己做,手下将领却都放了手,真的要累死了。

晚饭的时候朱武特意差小校去取了一部《韩诗外传》来。

吃饭的时候朱武端端正正地把书放在卢员外眼前,卢员外拿着书,手指在绸布的封面上摩挲着说:"好书啊,春秋以来,《诗》学传于齐鲁,至西汉年间,燕赵之地才出了一个韩生专治诗学,与齐鲁成鼎足之势。这韩生算起来还是我的老乡啊。"

朱武接过书,循着夹在书里的竹叶子,把书翻到预备好的那一页,然后又把书捧回到他的眼前:"此番小弟看员外带兵,颇有感慨,特意请员外来读此章。"

领导的成功要诀:用贤不用力

文曰:子贱治单父,弹鸣琴,身不下堂,而单父治。巫马期以星出,以星入,日夜不处,以身亲之,而单父亦治。巫马期问于子贱，子贱曰："我任人，子任力。任人者佚，任力者劳。"人谓子贱，则君子矣，佚四肢，全耳目，平心气，而百官理。任其数而已。巫马期则不然，乎然事惟，劳力教诏，虽治，犹未至也。诗曰："子有衣裳，弗曳弗娄；子有车马，弗驰弗驱。"

员外读罢，不禁掩卷大笑，说："贤弟是在劝我不要做巫马期啊。"朱武点点头，说："子贱身不下堂，弹弹琴，批批奏报，就天下大治。做同样的事情，巫马期却是顶着星星出去，顶着星星回来，劳苦不堪。差别就在于子贱是自己谋划指挥，让别人去执行；巫马期是自己亲自动手。任人者佚，任力者劳。做统领的要以'用贤'代替'用力'啊。"

卢员外笑了，笑得很灿烂。

第二天朱武遇到了宋公明哥哥带着几个主将巡哨，宋大哥容光焕发，看得出睡眠很充足。

回来的路上，迎面看见戴宗飞步急行而来。他神色慌张，风风火火的。朱武问："戴院长哪里去啊？"他顿住了脚，压低声音跟朱武说："贤弟慎勿外传，山寨出了大事，我正要去禀报宋公明哥哥，林教头被人打了。"

天！豹子头林冲，八十万禁军教头，居然被人打了！朱武心中不禁大吃一惊。

欲知后事如何，且看下回"林冲敬酒"。

本回提要：

如何安全度过人事震荡期、考察干部的技巧与谋略、情绪自我调节的方法、干部如何树立自己的威信

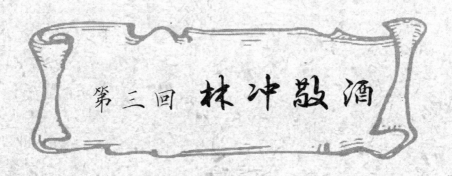

第三回 林冲敬酒

上回说到林冲被打受伤,谁也没有料到凶手却是云里金刚宋万。宋江哥哥对此事十分关注,从东平前线返回梁山亲自进行处理。大家首先听林冲的副手铁笛仙马林报告了情况。林冲是个带兵极严的人,这次身为攻打东平府的后军主将,提前三日就在全军发布了禁酒令。

由于粮草事宜没有处理完毕,大军出发时,林冲安排锦毛虎燕顺带领大军先行,自己和马林在后面催运粮草。本来一切都很顺利,负责粮草的是云里金刚宋万和摸着天杜迁,两位头领十分配合。傍晚的时候,杜迁安排了酒食,四个人和一干军汉就坐一处吃饭。不料这顿饭却吃出了事端。杜迁那边的几个军汉凑过来给林冲这边的军汉敬酒,被林冲喝止了,搞得老大无趣,杜迁脸上有点挂不住。杜迁的副手宋万是个急性子,当时就故意倒了一大碗酒来敬林冲。林教头死活不喝,宋万言语间就说了几句难听话。林教头并未计较,继续吃东西,宋万招呼了一干人在一旁吃喝起来,还行起了酒令。

后来,这干人都有了醉意,林冲看着气氛不对,就招呼马林收拢了自己的军汉来向杜迁辞行。两人寒暄着走出帐外,正待上马,吃醉了酒的宋万却追出帐来,不由分说揪住林教头破口大骂:"林冲你个鸟人,咱弟兄抬举你,你自己倒真的抖起来了。当初上梁山的时节,咱弟兄仁义,是你狗一般地向咱赔笑脸哀求收留,那时节咱弟兄可不曾亏待你,你都忘了吗?"

当着众人的面,林教头的脸都青了。但他终于没有发作,拨开醉汉,回身和杜迁告别。亲兵这边把马也牵过来了,杜迁扯着林冲袖口,低声下气地替宋万赔不是。正这工夫,谁也没料到宋万冷不防在林冲背后下了狠手,把个大酒坛子抡圆了对着林教头后脑海就是一砸,当时大家都傻了。事情来得太突然,加上距离太近,林教头对身后的袭击根本没有防备,仓促之间躲闪还是被砸到了左侧头部,把耳朵砸得血肉模糊……

听完了情况，众人都对事情的来龙去脉有了把握。宋哥哥当即差铁面孔目裴宣、没面目焦挺拿了大令到杜迁、宋万军寨里晓谕二人闭门思过，听候发落，同时着戴宗召集全体留守山寨的头领到聚义厅议事。

众人到齐后，宋江问马林："贤弟，为何不见林教头？"马林说："林教头怕耽误战事，已经连夜赶去军前了。"宋公明哥哥就叫马林把事情经过又和众人讲了一遍。

马林说罢，宋头领沉着脸问道："众家兄弟看这事该如何处置？"平日里和宋万相熟的邓飞、孟康等人都起身为宋万求情。孟康说："宋万是个粗人，酒性不好，幸好林教头也不和他计较。就叫他给赔个情，不成再打几棍子解解弟兄们的气……"

话还未讲完，那边阮小七第一个跳起来劈头叫道："宋大哥，我看宋万这厮是成心和咱们梁山作对。他本就是王伦一伙，当初晁盖哥哥带我等来投梁山，王伦那厮百般阻挠，是林教头火并了他，才有我们众家兄弟今日的聚义。宋万是王伦一党，想是早就当林教头是冤家，要为王伦出气。对这般小人，梁山绝不能留。"

阮小七这话一出，后边的兄弟们再不好说话了。大家都拿眼睛看宋公明哥哥。宋哥哥就拿眼睛看军师吴用，军师把手一挥，说："此事等明天林冲贤弟回来再议吧。"

当晚，吴军师、公孙先生、柴大官人都被宋江哥哥找去议事。孟康、邓飞等人却聚到前寨朝朱武的住处寻来，朱武料想这干人一定要他出个主意。此时此刻，朱武是万万不能为他们出什么主意的。想想看，那边是宋哥哥聚了人商议处理，这边却是朱武聚了人商议对策。这还了得啊！朱武自己就循着后门悄悄溜了出去……

后山风不小，朱武在巡哨的石头房子里聚了几个老军，热了些老酒，就着湾子里新打的鱼，边吃边聊，直到东方放亮。

朱武心里十分有数，宋万、杜迁断不会被赶出山寨。有一个人定会保宋万,这个人不是别人就是林教头!你想,林教头火并了王伦,又怎好让众人再赶走宋万、杜迁,知道的说宋万不是,不知道的一定会说他林冲赶尽杀绝。林教头是断然不会听之任之的。聚义厅上,吴军师的一句话说得妙:"一切等林教头回来再议。"这就等于是饶过宋万了。

出乎大家预料的不是宋万打人而是阮小七说的狠话。有了这话,就更不能狠罚杜迁、宋万了,否则就等于承认了梁山好汉有内讧。如此一来,且不说林冲、宋万,要紧的是那些护宋万短的和那些要为林冲出气的好汉,岂不是被置于内讧之中了。

朱武预料,既然事情因为催促粮草而起,还是会在粮草上做文章,杜迁、宋万这管钱粮的差使估计是做不下去了。

第二天中午,众人再议事,宋大哥一脸火气,扬言要严惩不贷,引得众家兄弟纷纷讲情,却都被宋大哥严厉地驳回。看着宋大哥只发脾气却不讲处理结果的举止,朱武心里就明白了,他这是在给林教头先把势做出来,一会儿好送个大大的情面给林教头。果然,不一会儿林冲自军前赶回,上堂就为宋万、杜迁求情,言语格外恳切。宋大哥沉吟了片刻就准了林冲所求,把个顺水人情给了林教头。最后的处理结果基本上是"罚了不打"——剥夺杜迁、宋万二人管理钱粮头领的职权,由柴大官人和扑天雕李应接掌。

 朱贵保住了职位

事情很快平息了。东平府和东昌府也先后传来了捷报。朱武的两位弟兄跳涧虎陈达和白花蛇杨春都在军前立了功。这日二人抬了一只羊、两坛好酒来找朱武,大家要小聚一下。厨下准备饭菜的时候,却来了一位不速之客——旱地忽律朱贵。

朱武和朱贵见面不多,交往更少,因他是在山外开店做刺探的,很少回山寨来。

朱贵的出现也让杨、陈二人很纳闷。

朱贵何等聪明人物，把一切都看在眼里，却笑呵呵地不说破。他们就坐了四人的席，不过朱武心里知道朱贵一定有事，偏偏他当着陈、杨两个人，又不肯说出。一顿饭吃得很沉闷，朱武悄悄地向杨春丢了几次眼色，杨春会意，就拉着半醉的陈达早早地告辞走了。

送完二人，朱武和朱贵回到屋子里重新落座。朱贵换了个人似的一脸笑容全不见了，语调也忧愁起来："朱大哥，小弟今天是来求你帮忙来了！"说着就要给朱武行大礼。朱武忙搀住他："大家都是兄弟，朱贤弟何必如此。有话请明言，愚兄但能相助，一定在所不辞。"

朱贵叹口气，说："唉，哥哥想是知道，我以前与那王伦、杜迁、宋万一起占据这梁山，做个打探消息的四寨主，就着山前的大道开起了门面，买吃食的也有，投宿的也有，倒卖时兴货物的也有，经过这些年苦心经营，生意颇是红火。前时王伦火并，晁盖天王让山寨旧部各安原位，杜迁、宋万仍管钱粮，我还是开我的店。这次出事，换了杜、宋二人的差使，我与他们二人原就是王伦旧部，有道是'一朝天子一朝臣'。我料想换我的日子也不远了。偏偏我却喜欢这差使，也不瞒哥哥，这个差使确实是个美差。自己做主张，不受山上规矩管着，行动自由，而且钱财上也活络，做生意赚头十足，真个是不忍撒手。众兄弟都道朱武哥哥古道热肠、神机妙算，我此次专程来求哥哥给我想个好法子，能保住这个营生。"

朱武笑呵呵地望着朱贵，故意卖个关子给他："贤弟可好读书？"

朱贵迷惑地点点头，不知道他葫芦里到底卖的什么药。

"贤弟且听我来背一段书给你听。这是当年柳河东先生被贬之后写的一篇小文,文章虽小可是天下闻名啊。名字就叫作《黔之驴》。

"黔无驴,有好事者船载以入,至则无可用,放之山下。虎见之,庞然大物也,以为神。蔽林间窥之,稍出近之,慭慭然,莫相知。他日,驴一鸣,虎大骇,远遁,以为且噬己也,甚恐。然往来视之,觉无异能者。益习其声,又近出前后,终不敢搏。稍近,益狎,荡倚冲冒,驴不胜怒,蹄之。虎因喜,计之曰:'技止此耳!'因跳踉大阚,断其喉,尽其肉,乃去。"

朱武背诵完了文章,对着一脸迷惘的朱贵说:"贤弟,这就是我给你出的好主意。"

朱贵一脸崇拜地倒身下拜:"小弟愚钝,恳请哥哥明言啊。"

朱武把他扶起来,说:"贤弟休要大礼,讲是讲得,但有一条,贤弟切切不要对外人提起,就是你家哥哥朱富也不要让他知晓。"

在朱贵点头允诺之后,朱武才把其中的奥妙向他言明。

其实道理也很简单。我们来看这个可怜的驴子到底是怎么死的?它其实是死于自己的盲动。你看老虎的心理,一开始以为神,不敢靠近。这个时候驴子是很安全的。只要它保持这种局面就可以安心地活下去了。偏偏驴子要逞能,要大叫,要用蹄子踢,于是把自己的这点可怜的本事全透露给老虎了。老虎心里有了底,当然就不再害怕,三下五除二就把驴子吃了下去。

所以,在面对强大的老虎的时候,驴子最有力的武器是利用彼此的陌生保持沉默,坚决不可轻举妄动。

同样的道理,面对人事危机的时候,朱贵的角色就相当于黔之驴。面对威胁,最好的策略当然就是不动,只有不妄动才可以增加自己的分量,使对手看不清自己,从而不敢轻易采取攻击措施。只要这种相持的局面保持一段时间,过了震荡期,等局势缓和了,被吃掉的危机自然就消除了。

具体讲,策略就是三招。

1. 多照面

不要躲着,躲着反而显得心虚胆小,是底气不足的表现。哪怕心

安全度过人事震荡期的三招:多照面、特投入、不求情。

里再担心,表面上也要大大方方、若无其事。要在各种场合多照面,让大家看见你的平稳镇定。这是一种左右局势的无声力量。

2. 特投入

越是在人事震荡时期,越是不能魂不守舍。和同事、领导、下属都要多谈工作、多沟通,要表现出你对危机的不敏感和对自己工作的投入。

3. 不求情

如果有领导找你谈话,不要心慌气短,要真诚地向领导表示自己把工作做好的愿望,讲讲自己的专业成就和体会,同时谈谈自己的缺点和不足,恳请领导批评,最后把自己在工作中遇到的困难拿出来,给领导"留作业",恳请领导给予支持。不要为自己或者为任何人求情,也不要私下里找领导,送礼请客搞小动作。这些小动作相当于驴子出腿,不会取得攻击效果,反而会暴露自己的弱点。

朱贵得了计策,欢天喜地地走了。

梁山易主之后,朱贵终于稳妥地保住了自己的位置。

 公孙先生的观人术

林教头的遭遇让很多人同情。林大娘子去世后很长一段时间林

教头都沉浸在强烈的悲愤中,脾气变得很坏,也不愿意和人沟通,总是自己躲在后山无休无止地练习枪法,或者一个人关起门来喝闷酒,军中的事务也完全撒手不管了。

林教头的这种状态让宋头领很着急,总想找机会劝劝他,却都被吴军师制止了。军师的意见是日久心自平,林教头是一个心事重又好面子的人,还是不要打扰他为好,否则会起反作用。当务之急是给林冲配一个得力助手,既能随时照料他,又能代替他主持军前事宜,不使军务荒废。

到底选谁呢?大家在山寨有闲的头领中推来挑去,锁定了三个人——铁面孔目裴宣、丑郡马宣赞和病尉迟孙立。负责人事安排的混世魔王樊瑞来找朱武和吴军师商议。吴军师说:"公孙先生精通观人,不如朱武兄弟和樊瑞一起找他商议一下吧。"这一商量可真是大开眼界。

一清道人公孙胜先生发表了自己的高论:

"裴宣这个人,善于自我控制,起居有常,饮食有节,不苟言笑,是一个典型的原则导向的人,十分重视原则,把注意力都放在了秩序和规律上,就像他自己的口头禅'凡事都有一个理字'。以他的为人处世风格看,威则有余,亲则不足,可以服众,但是恐怕难以合人。

"丑郡马宣赞,人长得丑,相貌二字,'相'在'貌'前,貌是从父母那里遗传来的五官样子,是第二位的;相则是个人的表现,是内心世界精神状态在外部行为中的反映,是第一位的。宣赞虽然貌丑,但是'相'却很好。与人相处,总是眼神温和,言语带笑;做事则是神情专注,条理清晰;当众讲话,神态自若,言语铿锵。宣赞的缺憾在于修养足够、勇气足够,但是谋略不足,是一个善做事但不善谋划的人。

"登州兵马都监病尉迟孙立,器宇轩昂,武艺出众。对身边的几个副将,举止有度,不怒自威;对下边的普通兵卒,则问寒问暖,关怀有加,正符合兵法上说的'远亲近威'的治军谋略。孙立在三人中应该是最合适的人选。"

不愧是罗真人的弟子,看人看得如此准确,令他们两个都非常钦佩。

事情谈完了,便来向公孙先生请教观人的秘诀所在。

先生拿了一本《吕览》给他们,上边有几句话却是观人的要诀。

凡论人,通则观其所礼,贵则观其所进,富则观其所养,听则观其所行,止则观其所好,习则观其所言,穷则观其所不受,贱则观其所不为。

观人的要诀

喜之以验其守,乐之以验其僻,怒之以验其节,惧之以验其特,哀之以验其人,苦之以验其志。八观六验,此贤主之所以论人也。

看人的时候,听完他讲话,要看看他怎么行动,就可以看出他的态度和心机。

有任务的时候看他怎么做事情,可以看出他的能力和专业素养。

无任务的时候看他喜好干什么,可以看出他的性情。

熟悉了以后再看他都说些什么,可以看出他的真面目。

有资源的时候,看他都分给谁;有地位的时候,看他都举荐谁;顺利的时候,看他遵守什么;这些可以看出他做人的标准和处世的原则。

困难的时候,看他不接受什么样的施舍,可以看出他是不是有志气。

卑微的时候，看他做什么不做什么，可以看出他是不是有正气。

先生一番讲解令他们大有心得。樊瑞问："请问先生，人常说观其表知其里，观其形识其人。不知这观人之术可有要诀？"

先生笑了，说：

大道至简，当然是有要诀的。

要诀之一：大事验本领，细节看性情。

要诀之二：衣着显经历，言语透精神。

要诀之三：饮食起居藏大道，喜怒哀乐见真人。

总则：有形不如有神，有骨不如有气。

要诀容易掌握，难就难在这个总则的把握上。

观人术里有看骨看相的专门方法，甚至还有人专门以此为生。

于是有些人就相信，发达之人必有异相或必有贵骨。确实，很多出色之人确实与众不同，但是，这个不同不是在外形上，而是在精神气度上。这种发自内心的东西才真正可以看出一个人的优劣。

要看一个人的神和气，最关键的是两点：言语和眼神。

言语主气。言语典雅，气清；言语坦诚，气真；言语精要，气凝；言语活泼，气畅；言语闪烁，气浮；言语低俗，气浊；言语杂乱，气散；言语死板，气呆。

双目主神。神清则眼正，神专则眼明，神聪则眼活，神安则眼稳；神浊则眼昏，神散则眼乱，神呆则眼死，神虚则眼怯。

所以，看人最主要的就是要能把他的言语和眼神结合起来看。

而自我修养的真谛，莫过于保养"精、气、神"。

"精、气、神"与"天、地、人"三才相合。

精配天。天为原始混沌之物，至虚至大，包容万物。养精须法天道，保留本真，在高在虚，低则丧，实则害。

气配地。地为广袤充实之物，至实至厚，养育万物。养气须法地道，自我萌生，在低在实，高则空，虚则死。

神配人。人为天地之灵，参悟玄机，应变万物。养神须法人道，日常磨砺，在志在用，无志则呆，无用则损。

心志高，养精；

心态和，心事定，养气；

心意专，心情畅，心机正，养神。

公孙先生一番高论令人有醍醐灌顶之感。朱武和樊瑞都暗下决心，将来有机会，一定要和这位一清道长多学两手。

从公孙先生那里出来，他们来向吴军师复命。见他们两个谈起公孙先生时的一副崇拜神情，吴军师笑了，说："观人之术确实高妙，不过二位可知其中的变通之道吗？"

原来这个吴军师也是有心得的人。今天朱武和樊瑞真是好运气。在他们的催促下，吴军师也有一番妙论出来：

三国时候有一个著名人物刘劭，字孔才，是魏国人，陈留太守，曾作《人物志》三卷，分《九征》、《体别》、《流业》、《材理》、《材能》、《利害》、《接识》、《英雄》、《八观》、《七缪》、《效难》、《释争》十二篇。在书中，刘劭根据阴阳五行生成说，类推出五德，即木骨（弘毅）、金筋（勇敢）、火气（文理）、土肌（贞固）、水血（通微），并在此基础上把人的性格分为十二种，对每一种性格的总体特征及其优缺点予以界说。《人物志》里说人的言行和内心往往不一致："轻诺似烈而寡信，多易似能而无效，进锐似精而去速，诃者似察而事烦，诈施似惠而无终，面从似忠而退违。此似是而非者也。亦有似非而是者，有大权似奸而有功，大智似愚而内明，博爱似虚而实厚，正言似奸而情忠。非天下之至精，孰能得其实也？"

选拔人才既要观人还要验事

凡选才,不但要"观人",更要"验事"。观人是看一个人的言行,但是一个人的言行往往不足以反映他的整体状况,还必须要"验事",就是看他过去都做了些什么,取得了什么成就,在哪些方面表现出了自己的才华。这样才可以避免错误,风险比较小一些。

第二天,宋江召集了几个头领议事。宋大哥看了二十多位头领的名单后,不待他们汇报,上来就提出不如安排孙立做这个副手。朱武和樊瑞对视了一下,都觉宋大哥很神。他们是征集了各方意见反复考虑才选孙立的,却不知宋大哥是如何从这么多人里一下就选了孙立。见他们诧异,宋大哥笑笑说:"选孙立一来是因为他带过兵,会带兵;二来是因为他家夫人顾大嫂是个热心肠,饮食起居上能关照着林教头,暖暖他的心。"

果然,孙立到任的第一天,顾家嫂子就把林教头拉到家里,做了好吃的不说,还为林教头量做了应季的锦袍。不说是林教头,就是朱武他们几个兄弟心里都被搞得热乎乎的。

真的很佩服宋公明哥哥。

 林冲的治军策略

朱武习惯早起,和太阳一起爬起来,看着身边自己生活的地方慢慢从沉寂中醒来。有时朱武会在凌晨起床,那个时候整个山寨还包裹在漆黑的夜色中,最美丽的是漫天灿烂的星斗,那些星星或远或近,有的锐利,有的柔和,大的像城市的灯火,小的则像一团白烟。朱武会坐在这样的星空下,静静地等待黎明,这种感觉真的很奇妙。

早晨刚洗漱完毕,小校传来了一个口信,说是下午林教头安排了酒席,要请朱武过去赴宴。朱武很高兴,这说明林教头的心情逐渐好转了。

自我调节的十二字秘诀:规律、整洁、充实、爱好、朋友、安慰。

其实,每个人都会面临压力和挫折,难免有郁闷和痛苦的时候,关键是要善于调节。自我调节能力越强,对外界的依赖程度就越低。根据朱武自己的经验,消除郁闷有六个有效的办法,这是朱武的十二字秘诀:规律、整洁、充实、爱好、朋友、安慰。

(1) 保持有规律的生活,饮食起居有常,守时守信,自我约束,以稳定的生活带动稳定的心情,并且品尝平凡日子的情趣所在。

(2) 保持自己以及周围环境的整洁。越是心情不好越是要把自己弄干净,打扮一下,给自己一个好形象;同时,工作、生活的房间、院落也要尽量保持干净、整齐,这样也能改善心情,减轻心理压力。

(3) 保持充实的生活状态,即使心情再不好,也要有事情做,特别是做一些新鲜的、有挑战意味的任务,这样能使良性的情绪逐渐占上风。

(4) 保持自己一贯的爱好,做一些自己平时喜欢做的事情,转移注意力,疏解郁闷。

(5) 保持和朋友的接触与沟通,和朋友在一起可以释放不良的情绪,特别是那些乐观风趣的朋友,会带来明朗的心情。

（6）保持一定程度的自我安慰，告诉自己一切都会过去，把对自己的鼓励和希望写出来，在特别难受的时候和自己谈谈心，自我鼓励一下。

林教头的厅堂收拾得十分干净整洁，亲兵告诉朱武都是顾大嫂操持的。呵呵，这个嫂子还真尽心。梁山的女头领里有两位好嫂子：一位是孙二娘，对武松特别关照；另一位是顾大嫂，对林冲特别关照。这也是一段佳话。

朱武到达的时候，宋公明哥哥等一干头领都还未到。先到的几个人就随便坐着说说闲话。

林冲是会带兵的人，兴致勃勃地和孙立交流起了带兵之道：

树立威信的要领：赏小取信、亲下得人、罚上立威

"统兵的关键在于'威信'两个字。无威令不行，无信行不果。所以对头领的第一个考验就是如何树立自己的威信。要领是：赏小取信、亲下得人、罚上立威。

"要取得下属的信任，最有效的方法是'赏小'，在一些众人不在乎的小节上进行奖励，效果最明显。"

"这个我却知道，"孙立接道，"古书上说，秦朝的商鞅变法，担心民心民意，就在城门里放了一根木杆，承诺谁扛起来就赏金子。木杆并不很沉重，众人正在议论的时候，有一个人大胆地扛起木杆，果然就得到了金子。从此，民众的信心就增加了。"

林教头点点头，接着讲起了亲下得人的事情。

林教头的父亲有一年奉调敌前带兵和西夏人开战。到任的第二天晚上风雨交加，老将军亲自带队巡哨，看见一辆大车陷在泥里，车上载的是受伤的将士。老将军二话不说，亲自下马帮助拉车，滚得一身泥水，还和车把式认了老乡。第二天，满营将士都知道来了一位和大家一条心的好将军，军心大振。

燕顺是老行伍出身，接着话茬提了一点："带兵难，难就难在总把不住火候，和下边的人亲了，倒是得了人心，可是往往紧要处镇不住他们；若总冷着脸，倒是能镇住人，可是下边人又会怪你，人心又散了。"

"这个却是要紧事。"林教头把眼光转向朱武，"神机军师不知有何高见？"

因是闲聊，朱武也没怎么斟酌，就由着思绪说出了自己的主张。

有时候"亲"与"威"确实是矛盾的，此消彼长。有效的办法莫过于选好策略实施的对象。对身边的直接下属四梁八柱，要先立威，因是身边的人，平常接触多，沟通感情容易，感情一亲密权威就难立，所以要先立威。对于隔层的下属特别是那些基层的下属，因为平时很少能个人接触，沟通感情很难，主要的影响方式就是命令赏罚，所以是权威好立，亲却难立，因此要先沟通感情，收拢人心，树立一个好形象。这就是"远亲近威"之策。

朱武讲完，众人都点头称是。

这当口，宋大哥、卢员外、吴军师等人也都到了。那边的小厮开始准备席面，大家寒暄入座。见众人谈兴很浓，卢员外问："各位兄弟刚才在谈论些什么啊？"

孙立道："我们在听林教头和朱军师讲治军呢。"

"好！"宋大哥说，"兄弟们在一处切磋长进，正可以壮大我梁山威武。"

吴军师喝了口茶,放下杯子,说:"趁着酒菜未齐,我也来讲一些助助兴。"众人齐声叫好。

吴军师讲的正是罚上立威的奥妙。

采用"杀鸡儆猴"的方法,抓住个别位高权重的坏典型,从严处理,就可以震慑全军。

《史记·司马穰苴列传》记载,齐景公时(公元前547—前490年)晋军、燕军进攻齐国,齐军战败。晏婴向齐景公推荐田穰苴,景公召见穰苴,和他谈论军事,很赏识他,任命他为将军。不过以田穰苴的名望和身份,当时军队里很多人对他这个统帅都心有不服。于是田穰苴使了一个策略,他跟景公说:"我身份卑贱,您把我从乡里提拔起来,位在大夫们之上,恐怕士卒不拥护,百姓不信任,所以我想请您选派一个亲近又在全国享有威信的人做我的监军,这样才好!"景公允许了,就派宠臣庄贾去担任监军。穰苴与庄贾约定第二天中午在营门相会。

第二天穰苴先赶到军营,安设好木表和滴漏。庄贾那边亲戚同僚为他送行,他喝了很多酒,到了中午还未到。穰苴就命令放倒木表,停掉滴漏,进入军营调度部署军队,申明军纪法令。一切规定完毕,黄昏时分庄贾才到。

穰苴叫来军法官问:"按军法误了规定时限而迟到的,该怎么处理?"军法官说:"应该斩首。"庄贾害怕了,急忙派人飞马急报齐景公。派去的人还未回来,穰苴就把庄贾斩了,在全军示众。全军将士都大为惊惧。过了一会儿,齐景公派的使者拿着符节来赦庄贾,使者乘车直接驰入军营。穰苴说:"将帅在军中,君命有所不受。"又问军法官:"直闯军营的,该怎么处理?"法官说:"应当斩首。"

使者大为恐惧。穰苴说："国君的使者不能杀。"就杀了他的随从，砍断了他所乘车的左边辅木，又杀了左边的骖马，再次在全军示众。于是全军肃然。

部队出发后，穰苴对士卒们的休息、宿营、掘井、修灶、饮食、疾病、医药都亲自过问和安抚，把供给将军的全部费用和粮食都用以犒赏士卒，自己与士卒吃一样的伙食，对体弱士卒特别亲近。三天后部署调整军队时，病兵都要求同行，士卒都争着奋勇参战。晋军得知这个消息，就撤兵走了。燕军得知这个消息，也回渡黄河而取消了攻齐计划。齐军收复了全部失地，军威大振！

"要取信，罚不如赏，赏大不如赏小；要立威，赏不如罚，罚下不如罚上。"

军师讲完，卢员外等众人都不禁赞道："好一个罚上立威！"

此刻酒菜已经齐备，林教头起身先给宋公明哥哥敬酒，然后逐个与众家兄弟敬酒，少不了一番彼此谦让。

原本是皆大欢喜的场面，不料正在众人举杯互敬的时候，忽听门外有人高喊："林冲！休猖狂！别人怕你，我却不怕，好名气不是靠酒肉填出来的。都说你好本事，出来与咱比试比试，你有胆吗？"

一番叫喊让众人不由大吃一惊。欲知此人是谁，且看下回"燕青提职"。

本回提要：

促进人事成长的四个资源、与领导融洽关系的技巧、如何抓住机会、用人四策

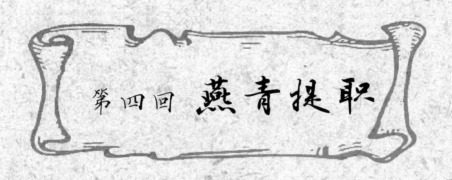

第四回 燕青提职

上回说到林冲正要和众人饮酒,忽然听见院子里有人喊叫,要比试高低。众人一惊!朱武坐的位置比较靠近门口,斜看过去,却见那个喊话的不是别人,正是浪子燕青。

燕青如何要与林冲叫板呢?其实原因朱武早看出来了,刚才林冲给卢俊义敬酒,旁边燕青起身为卢员外挡酒,卢员外大大咧咧的也未搭理林冲许多,所以林冲一脸不悦。本来林冲的脸色不是冲着燕青的,偏偏燕青这几天正在烦恼中,吃了林冲的脸色,这个浪子少年哪里是吃哑巴亏的,借着酒性向林冲挑战。

宋江哥哥却是个懂奥妙的人,并不说话,只是拿眼睛看着卢员外。卢员外早坐不住了,旋风似的奔出去,劈头就给燕青一记老拳,喝道:"小乙不要无礼!这里是嚣张的地方吗?再不退下定不饶你!"

好端端的一个宴席,就这样被燕青搅了局,大家都很扫兴。散的时候,吴军师故意走在朱武旁边,等人走得差不多了,军师问朱武:"贤弟可知燕小乙住处?"

朱武明白,军师是受宋哥哥委托安排劝架的事情。一是要劝林教头。林教头是个明白事理的人,而且又有了宋哥哥与众兄弟的面子,定不会纠缠的。难的倒是这个浪子燕青。军师既然问朱武知不知道燕青的住所,一定是要安排朱某人去劝架了。

朱武问军师:"依军师哥哥看,这燕小乙为何如此无理?"

吴军师带着惯有的神秘笑容轻描淡写地说:"秃子跟前不讲灯亮,矮子面前不提腿短啊。林教头今日给谁脸色都不打紧,偏偏给燕青脸色,就要闹起来了。"

朱武笑了,军师看得很透彻,燕青最近对"面子"确实十分敏感。燕青本是卢员外在河北时候的司机加保镖,因和员外亲密就一同上了梁山。卢员外声誉地位日隆,宋哥哥对燕青也格外关照,一干英雄中不免有人传些闲话,说燕青一个仆人,未曾有些本事、未曾有些贡献,靠了卢员外这棵大树才得了许多的阴凉。燕青吃了闲话，就憋着气，正要寻发泄，今天见了林冲脸色，自然就闹起来了。

朱武倒是很喜欢燕青。有面子更兼有血性的人并不多。

到了燕青寓所，见他一个人正在吃闷酒。

朱武说："小乙兄弟，宋哥哥让我来看看你。"

燕青无奈地苦笑了一下，说："有劳朱大哥转告宋哥哥，燕青不是没本事的，梁山英雄要是真的看不上，我可以现在就走，绝无怨言……"

朱武截住燕青的话头，盯着他的眼睛问："小乙可知道登堂入室的四道台阶吗？"燕青愣了一下，说："哥哥这是从何说起？"

朱武笑了，说："小兄弟是血性汉子，哥哥虽然见识浅薄，倒是很乐意给你指点一二。"燕青意外地注视了朱武几秒钟，随即扑通跪倒在地，朗声说："哥哥这般仁义，小弟感激不尽！"

朱武扶他起来重新落座，然后道："兄弟好人品好本事，如何不得施展呢？是因为受了身份的限制。此番英雄聚义，定会排座次定名分。兄弟是个红脸汉子，不愿意担个依靠卢员外起家的名声，却要自己上进，这是你的志气。不过这个志气用不好却要惹出是非烦恼，而且要牵连卢员外。兄弟要靠自己本事进取，一定不可操之过急，更不可意气用事，做出似今天的举动来。"

"那我该如何做呢？"

"这个不难，哥哥给你准备了妙计，保管你登堂入室、心满意足。"

燕青喜出望外，第二次要拜，被朱武拦住了。人和人相处都有一个缘字，朱武感觉自己和燕青就很投缘，虽然交往不多，但是和他在一起就是感觉很舒服。

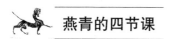
燕青的四节课

人事成长的四个资源：名声、关系、本事、机会。

朱武和燕青相约在他练武的后山小松林,每天给他面授一计。

第一天:讲的是名声。

在如水的晨曦中,看着燕青打了几路拳,朱武自己也活动了一下,然后他们就坐在一块大青石上开始交谈。

要登堂入室,离不开众人的接受和认可。名声是最要紧的。好名声可以救人,坏名声可以杀人。没有好名声,上级不会轻易提拔你。提拔了你,他自己的名声也跟着坏了。成长本身就是经过努力让自己的名声从无到有的过程,这当中很多事情需要自己去积累,包括忠诚、声誉、威信等。有了这些,成长的机会才会向你敞开大门。

名声关键在于服众,让众人心服是门学问。一般来说,一个人和大众接触有三条道:一是主动接触,比如搞下乡调研、深入基层慰问;二是被动接触,等着人来找你反映问题的时候进行接触;三是自然接触,就是留心日常工作的每个细节,抓住各种机会来树立形象。主动接触往往有作秀的嫌疑,效果会打折扣;被动接触没有提前准备,事中没有控制,往往缺乏周密性,特别是会造成等人上门的感觉,效果也会打折扣。最要紧的就是学会自然接触,这是关键的关键。日常工作中,对身边的以下五类人员要特别地表达感激,主动地表示友善,积极地给予关心,无私地建立友情。这五类人是:

(1)替你承担责任"挨板子的人";

(2)替你清理善后"扫尾巴的人";

(3)替你整理现场"装门面的人";

(4)替你考虑利害关系"敲警钟的人";

(5) 替你完成琐碎工作"常跑腿的人"。

为什么这五类人如此重要呢？首先，他们本身的满意度就是你的口碑。他们满意了，就会四处传播你的善良、谦和、坦诚、关怀等优秀形象。其次，他们高质量的工作造就你的口碑。这些人都是你身边的人，他们做的事情直接关系到你在众人心中的形象，他们工作的质量越高，你自己在众人心目中的形象就会越好。

话说到这个程度基本上就够火候了。朱武起身告辞。燕青张罗着一起走，几个随身的小厮便开始收拾场子，整理东西，摆弄刀枪架子。燕青一反每天甩手就走的做派，拿了块银子，笑着上前去，说："兄弟们这些日子辛苦了，打扫完场子让张头领领着去朱富那里吃酒去，我请客！"

燕青果然是伶俐！

第二天：讲的是关系问题。

天有些阴沉，早晨的树林间飘散着氤氲的水汽，空气中是淡淡的草木香。

一个人有没有前途不用看他自己怎么样，看他交什么样子的朋友就可以知道了。古人云：与师处可以为帝；与友处可以为王；与臣处可以为霸；与奴处则要亡国。

当年，初唐时候有一个名臣叫王珪，心怀大志，但是迟迟没有发达。他的母亲是一个很有智慧的人。有一次，她问王珪说："孩子，你有好朋友吗？"王珪说："朋友倒是有的，但是不多。"他母亲说："好啊，把他们带来让我看看吧。"然后王珪就带来了三个人。母亲说："孩子，给为娘介绍一下你的朋友吧。"王珪就介绍说："这位是房玄龄，这位是杜如晦，这位是魏征。"她母亲听完欣慰地说："我儿子将来一定可以做大唐的宰相。"

看着燕青一副神往的样子，朱武截住话头问："小乙在梁山有什么好朋友吗？"

燕青恍然地摇摇头，半天没有说话。

朱武故意顿了一会儿，然后接着说："关系是资源，也是人脉。要想图大发展，不交朋友不行，交不到真朋友不行，交不到出色朋友也不行。我梁山有108位好汉，希望小乙兄弟认认真真地从其中交几个真朋友出来。宋公明哥哥出身小吏，却能名满天下，人人折服，还不都是交朋友交出来的！"

成功的道路可以不同，成功的模式却完全可以复制。

燕青面露喜色，朱武则一脸沉静地提醒他："愚兄有十六个字给你——以事为引，互利互惠，循序渐进，交人交心。"燕青收敛了刚露出的笑容，口中喃喃地重复着。不知不觉，天空中已经飘起了毛毛细雨。

他们把谈话的场所移到了半山腰的小草亭。

与领导拉近关系的奥妙：明义、暗利、愚忠、隐功

积累关系除了为朋交友之外，还要处理好与领导的关系。领导就是领导，永远不要和领导做朋友。和下属交朋友那是领导的权利而不是下属的权利，即使领导主动地说"咱们是朋友啦"，作为一个下属也不要真的以为自己就是领导的朋友了，因为你首先是下属。这叫作摆正位，凡是摆不正位置的人贡献再大都没有好结局。

下属与领导的关系的核心不体现在"友情"上，而是体现在"有用"上。

这个用就是四个字：义、利、忠、功。

其奥妙是：明义、暗利、愚忠、隐功。

（1）明义——道义的事情，要做在明处，让大家都看见，而且要以领导名义去做。一个下属做事情的时候，要时刻记得以领导名义奉行道义，倡导高尚情操，有功了不居功，特别是把道德教化的功劳、苦劳、疲劳都归于领导。这叫作树领导形象。

（2）暗利——挣钱的事情要做在暗处。领导花费比普通人大，可是碍于个人身份和地位，又不能主动去张罗为自己找收入。这是领导的苦衷所在。下属要真诚地理解领导的苦衷，把领导不便做的事情承担下来，用合理合法的手段为领导争取收入。这种做法尽管是没有任何问题的，但是也要做在暗处，不张扬，不必让领导本人操心和参与。这叫作为领导分忧。

（3）愚忠——越是有本事的人越要表现自己的忠诚。古往今来，忠诚的最好姿态是什么呢？是以愚为忠。在执行领导意图的时候，就是要放弃自己的聪明，停顿自己的智慧，甚至办傻事。唯有此，才见赤胆忠心。

（4）隐功——有了功劳要善于隐藏，不张扬，不卖弄。功劳被别人传播出来是金子，被自己卖弄出来就成了黄土。领导的眼睛雪亮，完全不必向领导表功；群众的眼睛也雪亮，在群众面前要尽量把功劳都归于领导。如果真的很不幸，群众的眼睛不亮，那么也没有关系，领导一见你宁可把自己隐藏起来也要维护领导威信，那他一定会对你信任有加、赞赏有加的。如果更加不幸，领导的眼睛也不亮，那就需要做一点文章，给他创造机会，让他认识到你的价值和作用。

朱武适可而止地收住了话头。

燕青坐在那里，一动不动地对着烟水茫茫的八百里水泊发愣。

雨一直不停地下着。

第三天：讲的是本事问题。

大半日的雨水把梁山清洗得山明水秀,早晨起来,空气中有清新的泥土气息。由于练武场有积水,谈话场所还是选在了小草亭。

德才兼顾,恰当表现自己的本事

讲了半天忠啊、利啊、功啊什么的,其实最核心的在于个人要有本事。梁山英雄各有特长,各有特点。长本事不光要长才干,还要长品行。古语有云:权胜才必有其辱,威胜德必有其祸。意思是说有权力的人很危险,因为你的权力对你的才干提出了迫切的要求,如果你不具备相应的才干,却掌握了那么大的权力,早晚有一天要受羞辱的。一个人高高在上,抖威风、摆排场的时候,首先需要有足够的德行为基础。如果道德浅薄,却大耍威风、大摆排场,那么早晚要生祸事。

一个人显示自己的过人才干当然要从做成大事入手。但是显示自己的道德修养则需要在日常小事上下功夫。因此,想有作为的人大事小事都不能疏忽,一定要尽心去做。

本事其实就是本来应该做的事。

当年刘玄德弃新野、走樊城,曹操大军在后,百姓数十万相随,日行十余里,形势危急。有人劝刘备放弃辎重和百姓,尽快脱离险境。刘备却说:"做大事以人为本,怎可危难之时弃百姓而去。"结果曹军轻骑快进,在当阳追上了刘备的队伍,刘备仅与赵云等数十骑逃脱。其实,刘备当时放弃百姓也是逃走,不放弃百姓,最后敌人追来一样也是逃走。同样的逃走,意义却不一样。先逃走,是失败了,而且落得不顾百姓的名声;后逃走,是失败了,却赢得了民心。刘备就是做了应该做的事情。人正确地用"才"不难,难的是正确地用"德";人在顺利的时候做正确的事情不难,难的是失败的逆境中也能保持清醒的头脑,做正确的事情。

刘玄德当阳之败,败也败得正确。这才是真本事,真英雄!

古语又云:君子之德,如明月在天,不可不使人知;君子之才,如玉蕴珠藏,不可轻易使人知。意思是有本事的人一定要善于表现自己,凡是表现自己品行道德的时候,无论大事小事都要不遗余力;但是表现自己的能力才华的时候,就要选好时机,不能轻易卖弄。在小事上展示德行,德行就会被人看重;在小事上卖弄才智,才智就会被人看轻。这也是一件要紧的事情。

第四天:讲的是机会问题。

燕青很用心,每天听完了,都用笔墨写下心得。有迷惑处,白天就来问朱武。朱武告诫他说:"所讲的事情与个人的升迁发展有关,

智者贵阴

所以不宜张扬,张扬出去影响不好。因此,只限于早晨问答,白天切不可再来询问,而且所记录的内容也不要轻易让别人看见。这样做,一方面是避免结党营私的嫌疑;另一方面是减少给周围人的压力,防备心地狭窄者的嫉恨和怀疑;再一方面也就是掩藏自己的意图,给自己日后的发展留有更多的回旋余地。这也属于玉蕴珠藏之计。"燕青得了要领,白天便不再来寻朱武讨论。

早晨他们练完了功夫,沿着曲折的山麓,信步走着,边走边聊。一个人的成功不光是个人的努力,还要有环境的支持。所谓

"时势造英雄"。机会对一个人的成长也是至关重要的。

当年，大汉中兴之主光武帝刘秀在平定天下以后有一次和两个功臣闲聊。这两个功臣一个是邓禹，另一个是马武，一文一武，都是开国元勋，属于刘秀的左膀右臂。刘秀很有兴趣地向邓、马二人问了一个问题："如果没有天下大乱，在太平世界里，两个人会做什么?"邓、马二人请刘秀给下评语，刘秀说："邓禹确实才华出众，在太平年代，估计做到功曹（副市长）没有问题。马武呢，在太平年代，不做强盗就很不错了，要求官职的话，最高也就做个亭长（乡长）。"

由此可见，如果没有机遇，一个人有一身本事也是要老死乡里的。

伸展德和力，创造机会

不过机会不只是可以等的，机会也可以造。天地间的"机"有时候是闭合的，有时候却可以张开。一个人通过伸展自己的德和力就可以使天地之机对自己张开，这就是造势。势一旦造成，就可以水到渠成地享受成功了。朱武特意在地上画了一个三角形给燕青看（见下图）。

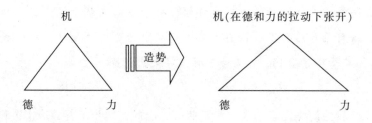

所以，如果一个人做事情不顺利，就抱怨机会不够，这是不对的。只要德和力达到了一定的和谐，保持一定的张力，机就自然会张开。英雄善于造势指的就是这一点。

对燕青而言，目前名誉资源、关系资源、形象资源都需要进一步积累，但这些都是慢功夫，非一日两日之功。要想尽快见效，就需要考虑如何来利用眼前已经有的机会。最关键的人物当然是宋大哥，如果抓住机会拉近与他的距离，尽快获得他的认可，那么以宋大哥的威信和说服力，别人的认可自然也不成问题。这样一来，燕青在梁山的位置自然就会稳固。再加上广交朋友、树立口碑、经营形象、展示实力等一系列的跟进措施，在不久的将来，燕小乙必定可以身列36员正将。

"但不知这急切之间，如何才能与宋大哥尽快拉近距离，又不失自然、不显做作呢？"

燕青确实是个灵巧之人，拉关系最忌不自然，一旦亲密的行为显得"假"了，那么一切努力都只能让人反感。

朱武就把自己的想法和盘托出："其实很简单，和领导快速沟通的最简单而直接的办法就是和领导一起出差。出差不但能和领导一起

与领导自然拉关系的有效手段：出差

工作，还能与领导一起进行业余活动；不但能进行正式沟通，也完全有条件进行非正式沟通；不但能关心领导的工作，也完全可以关心领导的生活，一切都在自然而然之间发生。没有比这个更有效的手段了。"

"哦!"燕青点头喜道,"那正好,听说最近宋大哥要去东京汴梁……"

朱武摇摇手,示意他不要再往下边说了。他们两个人相视一笑。远处,一轮红日正从地平线上喷薄而出。

与卢员外谈用人四策

上午事情不多,卢员外派人请朱武到他房间里闲聊。一进门就看见他一副心事重重的样子,朱武也没有直接问员外。小厮上了茶,他们就有一句没一句地聊着山寨的事情。员外一不小心,竟把茶杯碰翻在桌子上,茶水溅湿了朱武半只衣袖。卢员外一边问朱武烫到没有,一边连忙叫人上干毛巾。朱武摆摆手,冲他说:"没事没事,员外不必担心。"把送毛巾的小喽啰打发走了,重新坐下,朱武边挽衣袖边对员外说:"古人说翻杯堕箸必有暗事啊,员外可是有什么心事在怀,不妨讲出来,朱某帮您分分忧也好。"

员外苦笑了一下,这才讲出了自己的烦恼。

前时燕青为自己的事情烦躁,找员外倾诉。卢员外不好意思向宋头领直接提安排燕青的事情,只好拿好言好语来安慰燕青。

昨夜燕青来请员外帮忙,安排他和宋公明哥哥一起前往东京汴梁,员外自己思量着:不说吧,对不起燕青;说吧,恐怕不合适,正在为此事烦恼。

朱武笑了,说:"安排去个东京,员外有什么好担心的呢?"

员外摇摇头,说:"此次前往东京是要见那道君皇帝,关系山寨前途。此等大事,宋头领一定早有安排,我不好鲁莽,让宋头领为难啊。"

朱武却说:"正是山寨大事,才可以进言啊。卢员外是山寨二当家,此等大事一言不发可使不得,不但宋大哥不安心,山寨众弟兄也一样不安心啊。想来,对随员的安排提一个建议,应当是最稳当的,既不干扰宋大哥主张,又可让众家兄弟安心。"

员外听得呵呵地笑了,说:"经朱贤弟一说,我这心里倒亮堂多了。"

朱武早成竹在胸,就把自己考虑好的人选给卢员外讲了出来。

第一个要随去的不是别人,乃是小旋风柴进。柴大官人贵胄之后,对官场事务十分了解,加之风度华贵,适合大场合。况且赵宋的江山全是陈桥兵变后柴进祖上让出来的,所以柴进纵使见了皇帝,也有些面子在。

第二个要去的是神行太保戴宗。戴宗来去如飞,有他在,一旦有些风吹草动也好给山寨送报消息。

第三要考虑的是四个人。这四人乃是梁山步军头领中武艺最强的四个:史进、穆弘、武松、鲁达,这四个人正可以保护宋头领的安全。

还有一个人,也是非去不可的,这个人就是李逵。李逵听说上东京,还可以看灯,分派头领的时候,一定会闹起来要去。除了宋大哥,梁山再没有第二个人可以压服住这个黑煞星了。宋大哥爱惜李逵,见他要闹,也一定左右为难。

这个当口可以给宋大哥进言,让李逵自己找个伴当,伴当找得可靠,就准了他去。燕青和李逵厮混得很好,可以提前安排些酒肉,教李逵些言语,让他指燕青做伴去东京。

这样一来,李逵去得东京,宋大哥有台阶下,燕青的事情也解决了,岂不是三全齐美。另外,再央柴大官人一路照应,言语之间帮着燕青一些,就可以保万无一失了。

卢员外听得哈哈大笑,一脸的阴云全散了。

中午员外单独备了酒菜,安排了下午的事务,关起门来专心要和朱武喝上几杯。朱武这几日也很乏，正想着好好松快一下，于是就欣然从命。

和宋大哥不同，卢员外不喜欢江南的花雕，专喜欢河北的烈酒。这烈酒就像一个性格耿直的汉子，一开始就率性而为、直来直去，忍他片刻，便觉有些妙处了，逐渐越交越厚，到后来真是肝胆相照，痛快淋漓。

喝到耳热面红的时候，卢员外把着杯子忽然长叹了口气。

朱武问道："员外因何叹息？"

卢员外给朱武斟上酒，说："朱贤弟满饮了这杯，容哥哥细细讲来。"

看朱武把一大杯酒都喝干了，他才道出了心事。

梁山是个重义气的地方，但也有着复杂的人事。卢员外半路上山，在众好汉中，交游不广，义气不深，直接就做到了二把手。这个位置让他自己觉得十分尴尬——二把手本是个辅佐的位置，做事的时候，一言一行都要顾及着宋大哥。事无大小，需要先问后做；言无大小，需要先想后说。遇有裁决之事，往往要揣摩上级心理，不敢越雷池半步。下边头领有事来请教，也往往是先搁置一边，明明有主见，也要弄清楚上级的意思，才好拍板。尤其是一班老资格的头领，和宋大哥有过命的交情，遇事之时，很难说是不是先知道宋大哥的心思，先有了宋大哥的授权。这样的情况下，就很难否定或者肯定他的主张。不过，又不能直接去问宋大哥这是不是他本人的意思，只能透过吴军师或者公孙先生得一些消息，然后再行决定。卢员外是何等人，当年也是河北首富，家大业大，凡事全凭自己一句话，率性而为，没有人敢说个不字，从来只想自家心思，不看别人脸色。自上梁山后，这样的瞻前顾后实在令他如坐针毡、度日如年。

朱武十分理解员外这个二把手的苦衷。朱武问道："卢员外可知古今用人四策？"

员外摇摇头问："但不知是哪四策？"

朱武故意卖个关子给他，说："这四策中的第一策正是解决员外今日难题的妙计所在。"

卢员外立时大感兴趣，说："快请讲来，卢某洗耳恭听啊。"

朱武见他急切，就把这四策讲来，说："员外，我以前养了两匹好马，本来是个高兴事，但是自从有了这两匹马我就有了烦恼。"

"哦？那能是什么烦恼呢？"卢员外盯着朱武问。

其实，养过马的人都知道，马通人性，马养得久了，真的觉得它就和自己的朋友一样。有道是"人不得外财不富，马不吃夜草不肥"。

用人四策之一：分槽合槽

朱武为了这两匹马戒了自己懒惰的毛病，每晚起来给它们添膘。不过朱武很快发现一个问题，两匹马没有长膘反而掉膘了。原因何在呢？是因为它们不好好吃东西。每次吃东西的时候两匹马又踢又挤，你争我抢，即使把它们隔开，也是互相防备着，不能安心吃草料。发现这个问题以后，朱武再喂马时，就准备了两个食槽，让它们分开吃。这样它们就能专心吃草料了，很快就养得膘肥体壮。

这叫作分槽喂马。

两个实力相当的头领就好比这两匹马，在一起的时候即使不互相争抢，也难免互相顾忌，难以专心做自己该做的事情。就像现在的卢员外和宋大哥一样。其实卢员外这边难受，宋大哥那边也好受不到哪儿去。

这个时候就需要分槽了。两个头领要有个分工，平时划定各自负责的领域，各抓一摊。每逢开兵见仗，就分开来领兵，这样能充分拥有行动的自主和自由,从而减少后顾之忧,充分发挥自己的才能。有人主张正副手不要分工,副手主要协助正手做工作,这正是犯了一槽喂二马的忌讳,一定会产生不良后果的。

卢员外听后连连点头。

日后,梁山每逢出兵皆由宋、卢两位头领各自带领的战略模式就是在这次谈话中确定下来的。

朱武见员外听得投入,便把话锋一转:"员外可知这分槽也有其不可之处?"

卢员外追问道:"嗯,快说说。"

朱武就把另一番道理说给他。朱武以前有个邻居养猪,这猪是预备年终祭祀祖先用的。为了把猪养好,他很是下了一番功夫,如专门垒了两个猪圈,每个圈里养一头,让它们各自有充分的活动空间;吃东西的时候也充足供应,一猪一槽,不用担心争抢。可是,令他困惑的是小猪吃东西越来越挑食,而且不上膘。于是他请教一个长者。长者来看了一下,跟他说:办法很简单,把两个猪圈合成一个,让小猪一个槽里吃东西就可以了。朱武的邻居一试,果然灵验。自从一个槽里吃东西,小猪不挑食了,而且吃得很多,很快膘肥体壮。

这个奥妙在哪里呢?就在于一个槽吃的时候,有了争抢,争着吃就会吃得更香。

那么,问题就出来了。分槽长膘,合槽也长膘,到底是分好还是合好呢?

这个问题正是智者需要考虑的。独当一面的千里马需要分槽喂养,而处在成长中尚未成熟的小猪却需要合槽。这就是用人四策之一的"分槽合槽"之策。

卢员外果然是意犹未尽,紧跟着就追问另外三策是什么。朱武说:"员外,不如我来说故事你来喝酒吧,一杯酒换一个,如何?"

没有想到卢员外想都没想，大酒杯一举，连续干了三杯，然后笑吟吟地看着朱武说："开始吧，贤弟！"

朱武就把其他三策也讲给他听。

第二策：高屋低屋。

梁山水泊外围的王家庄上有一个王老汉，老人家养了一群牛。由于今年春短，嫩草迟迟没有发芽，过了节气了，还只能用隔年的干

用人四策之二：高屋低屋

草喂牛。牛吃得很少，眼见着要掉膘。王老汉很着急，就请来庄上的养牛高手询问办法。请吃了一顿酒肉送了红包以后，人家给出了个简单的办法，就是以后喂牛的时候不把草直接放在食槽里，而是放在屋顶上，让牛伸着脖子才能吃到。王老汉回去一试果然灵验。自从把草放到屋顶上，牛吃草积极了，吃得更香了。

这就是高屋喂草的计策。在给下属提供的回报很有限，一时又无法改善的时候，可以把门槛设得稍高一些，让大家付出的努力更多一些，使得这份获得更有挑战性。这样的话，即使是不怎么丰厚的回报，也能吸引众人了。

卢员外若有所思地点着头。朱武趁热打铁，跟着又说出了后边的内容。

王老汉很得意，不过没过几天他就犯了一个错误。天气转暖了，王老汉打了些嫩草回来，这次他也把草放在屋顶上等着牛来吃。结果牛见了嫩草，不但不吃，而且躁动不安，纷纷想挤出围栏去。

这时，王老汉猛然明白了，牛知道有嫩草了，都想到围栏外边去吃个痛快。于是他决定放牛去吃草，不过有些奶牛和小牛不能放的，还是要围在围栏里边，这样他又打了很多的嫩草放在很低的牛

棚上边,任它们自取。

牛一下子安静下来了,而且每天都吃得很好,黄牛出力、奶牛出奶、小牛长个,一派可喜景象。

这是高屋喂草策略的相反情况。当资源很丰富的时候,要允许下属用自己的努力去获得更多的回报,不要人为地设置障碍,同时对于能力不足或面临困难不能和其他人去争的下属,则要按照平均的水平给他们创造条件,让他们方便取得回报。这个时候,高屋喂草就不对了,要改为开栏放牛、低屋喂草。

这就是用人四策的第二策,"高屋低屋"之策。

卢员外听得入神,愣愣地把筷子抓在手里,半天也没想起来夹菜。

朱武继续给他讲第三策:分饼画饼。

用人四策之三:分饼画饼

有一个大户人家,养了一班门客。有一年,庄稼歉收,大户人家觉得供养这么多人有了难处,于是就跟大家说,新的一年每月供奉要减少,不过等来年收成好了,可以双倍补上。结果消息一出门客当中不少人不满意。于是,大户为了让大家留下,就采取了第二个策略。他决定向别人借一些银子,保持大家的供奉不变,但是来年还银子的时候,利息要大家分担,从供奉中适当扣除。消息一出,还是有很多人不满意。这下老员外不知道如何是好了,他就找了一个老学究请教。学究跟他说,你回去看一看,对第一个方案不满意的一定是年纪很大的门客,而对第二个方案不满意的一定是年纪很轻的人,还有一些人不表态,这些人一定是一些中等年纪有些资历的人。老员外回去一看,果然是这样,他就纳闷地问老学究这是什么道理呢？

老学究回答他说，上了岁数的人已经没有了雄心壮志，说不定明天身体一不好就要辞职不干了，所以这些人更在乎眼前的所得。而且他们曾经为主人出过力流过汗，现在老了没有能力了，他们更希望主人不要把他们的眼前利益拿走。因此他们是反对第一个方案的。

而对于那些年轻人，他们刚来，一切才刚刚开始，他们满怀雄心壮志，更在乎将来的发展，眼前有点困难不算什么，只要将来有加倍的补偿他们就肯接受。所以他们一定是反对第二个方案的。

还有一些人，他们是庄子上的中坚力量，人到中年，经验丰富，年富力强，渡过难关肯定要靠这些人。他们更在乎的是主人是不是和自己同甘共苦、患难与共。所以他们对两个方案都不表态，只想看主人今后的行动。

所以给这些人分利益，就不能搞"一刀切"，一个模式肯定要出问题。就好比要给众人分一个饼，对于岁数大的老员工，最好是保证他们眼前的利益，直接给他们分饼效果最好；对于年轻的员工，则需要给他们指明将来的前途，给他们画一张更大的饼他们才开心；而对于那些正在埋头苦干挑大梁的中坚力量，最有力的办法是和他们同甘共苦，和他们一起吃饼，他们吃什么，主人就吃什么，他们吃多少，主人就吃多少。

老员外按照学究的计策回去一试，果然效果奇好，自己的庄子顺利地渡过难关，而且各方面都很满意。

学究给老员外出的这一策就是用人四策的第三策："分饼画饼"。

桌子上正好有山东的特产煎饼，卢员外亲手卷了两个，一个递给朱武，一个自己拿起来，笑呵呵地说："来，贤弟，哥哥和你一起吃。"朱武也不由得一笑。

第四策：厚赏惜赏。

用人四策之四：厚赏惜赏

当年燕昭王下定决心要复兴燕国，可是苦于没有人才，于是就向手下的大臣郭隗问计。郭隗给燕昭王讲了一个故事：说有一个富人特别喜欢千里马，决定用重金购买。他派了一个可靠的仆人带着黄金出去寻找千里马。过了很久，那个仆人回来了，背上背着一个鼓鼓囊囊的麻袋。富人就问仆人，我要的千里马你买到了吗？仆人说买到了，而且是花了大笔的黄金以高价买到的。富人纳闷，就问那马在哪里呢？仆人把麻袋往地上一倒，哗啦倒出来一堆马骨头。仆人说，这是一匹死去的千里马的骨头，我买的就是这个。富人见重金买了一堆骨头，不由大怒，就要处罚仆人。仆人却说，马骨头自有大用。主人您想，您因为喜欢千里马，不惜花钱买一堆千里马的骨头，这个消息传扬出去，全天下人都知道您喜欢千里马了，那些拥有千里马的人一定会络绎不绝前来的。您用这一堆骨头一定会换来更多的千里马。这是一个有名又有利的事情，何乐而不为呢？富人一听，豁然开朗，重赏仆人。果然不久，富人得到了好几匹千里马。讲完这个故事，郭隗对燕昭王说："现在燕国正是缺少千里马，我郭隗不才，愿意给燕国做这堆马骨头。"燕昭王大喜，就筑起了黄金台拜郭隗为相。没多久，乐毅等人才果然络绎不绝来到了燕国，燕国很快强盛起来。

这就是厚赏之策。领导者奖励手下人往往不光是为了激励他，还为了做一个榜样给别人看，让大家知道自己是看重人才的，从而吸引人才来辅佐自己。这种办法要比费尽力气到各处去寻访人才有效得多。

厚赏经常是领导者一个标志性的行为。不过这个行为也要有些规矩。

话说春秋战国时代的另一位君主韩昭侯。有一次下人帮韩昭侯整理衣服，清理出一条旧裤子，韩昭侯不准备再穿了。昭侯左右有个人就想让昭侯把裤子赏给自己，但是昭侯不肯。有人给昭侯建议说，君主就是要善于奖赏的，何必吝惜这小小的一条旧裤子呢。

韩昭侯却不这么认为。他告诉左右的人，君主虽然需要善于奖赏，但是任何奖赏都要有依据，一定要把奖赏给那些有可奖赏的业绩的人。所以，明智的君主在奖赏上从来不随便。虽然是一条小小的裤子，但是，随便地赏下去，就会给无功的人造成一种印象——原来不用努力也有机会获得，同时也会给有功的人一种印象——君王赏罚是根据自己的喜好进行的，再努力也是白费。这样，投机取巧的人就会变本加厉，阿谀奉承的人就会有机可乘，埋头苦干的人就会心生失望，天长日久一定会造成大患的。

惜赏的道理在于虽然领导者手中握有很多资源，可以游刃有余地安排下属的奖赏，但是也决不可以随随便便，一定要做到事出有因，赏罚得当，大功大赏，小功小赏，无功不赏，从而造就一种积极健康的行为导向，来引导众人的行为。

"这就是第四策！"朱武顿住了话头，把眼前的半盏残酒一饮而尽。

"兄弟大才，卢某佩服！"卢员外又把酒给朱武斟上。朱武说："员外，就这么多了，不能再喝了。"

员外把手一挥，说："好，就这么多。"顺着手势他指点着桌下的几瓶没有开封的酒说："这几个回头你拿回去，让你门上的人都尝尝大名府的贡品。"

听他说完了，朱武故意把眼睛一翻。看着朱武的表情，员外忽然孩子一样地笑了，说："看看，看看，我犯错误了！"

朱武接过他的话头，拿筷子故意敲着桌子轻声说："惜赏啊……"

"对！对！惜赏，惜赏！"员外拿手拍着额头说，"这几瓶酒留起来，等后半夜巡哨的时候，赏给水洼对面风口上的军校去！"

很快，燕青就从东京汴梁回来了。宋大哥对他的信任也日渐深厚。

特别是宋大哥安排他去了一趟泰安，在神州擂上打败了擎天柱。燕小乙真是一战扬名，名动江湖。朱武心里揣摩着，这个小兄弟算是在梁山站稳脚跟独立门户了。

（后话：燕小乙真是胆略过人。那次去东京汴梁，不但是办事勤快，沟通顺畅，而且创造性地对朱武的计策进行了发挥。日后朱武才知道，他居然带领宋大哥去了一趟李师师家。这样的技巧权变之人也实在是难得。不过，后来朱武得到确切的消息，在和宋大哥建立了莫逆交情之后的某一天，宋大哥和燕青提起了这一段曲折的成长经历，燕青当时多饮了几杯，乘着酒性，就把朱武当初给他的进身四策和盘托给了宋大哥。苦也！当初忘记嘱咐小乙了，怎好把这些事情讲出来呢。说不准宋大哥连去李师师家的主意也一股脑儿算在了朱武朱某人的头上。

到了最后梁山排座次的时候，燕小乙是第三十六名，朱武是第三十七名，他正好比朱武高一位，跻身天罡之列。呵呵，朱武也算是帮人帮到底了。聪明人常常是这样，给别人出主意，出着出着就把自己装了进去。还是宋大哥高明啊。）

燕青在神州擂上大出风头，回来后特意邀请朱武和卢员外吃酒。说实在的，这段时间山寨无战事，兄弟之间你请我我请你，吃酒吃得头昏脑涨。不过，人情所在，又不得不去。只好提前给卢员外讲好，算是他父子请朱武的家宴，不请别人，不劝酒。

这日，风和日丽，他们三个人在院子里边吃边聊。正在开心之际，忽然听见前堂一阵大乱，隐约听见有人在大声地叫卢员外和朱武的名字。他们对视了一下，知道出事情了，忙起身去看。还没走到前堂，就听一个人在那里嘶哑着嗓子大喊："快救人啊，要出大事了！"

循着声音看去，只见一个人一阵风似的闯进来，扑面就带着浓烈的烟火气。来人长瘦身材，一张长方面孔，半蓝半青，头发让火燎去了一块，脸上还抹着几道炭黑，身上的衣服也烧了好几个洞。仔细一看，来的不是旁人，原来是梁山好汉人称鬼脸儿的杜兴！

杜兴一见卢员外，跟见了救星似的，嘴里喊着："员外，出事了，快去救人啊！"要知杜兴为何人求救，且看下回"裴宣铁面"。

本回提要：劝善的要领、奖罚的尺度、安排干部的技巧

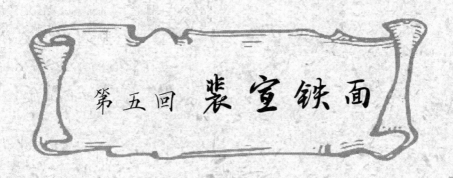

第五回 裝宣铁面

上回说到杜兴在大叫救人，卢员外和朱武都吃了一惊。朱武拉杜兴坐下，让他稳住神，慢慢说话。杜兴咕嘟咕嘟喝了半盏茶水，把嘴一抹，开口第一句话就是："卢员外，前山运钱粮的船失火了！"

卢员外忽地站起来，紧盯着杜兴问："伤着人没有？火是怎么着起来的？"

杜兴苦笑着说："员外，火是不要紧，都给扑灭了，可是人打起来了。我家李员外还有前寨头领两头蛇解珍与专管赏罚的头领铁面孔目裴宣急眼了，三个人在那儿动手呢。裴头领还有手下的八班差役被打得够呛，都见血了。员外快去弹压！"

一听事情紧急，朱武和卢员外连忙让杜兴带路，赶往出事地点。路上杜兴简要地把经过讲述了一遍。

原来钱粮物资都在后山，今日上午轮到犒赏山前三寨。裴宣和李应主持着，在后山按功劳簿分了犒赏之物，大小喽啰欢天喜地，各自领到了自己的东西。但是后山往前山路不好走，运了半日，还没有运完，东西和人都挤在那里，妨碍了水寨领取。水寨头领混江龙李俊从水寨里调了条大船，招呼剩下的人把自己的东西都标了记号拿上船，由水军帮忙走水路绕到前山去。本来是好事，谁料船半路上起火了。勉强靠岸时，火势已经难以控制。

前寨的解家兄弟也有大堆东西在船上。眼见火势凶猛，解家弟兄就号令众喽啰，不必管东西是谁的，是哪儿的，抢救出来就行，谁抢救的就归谁。

不料一起的铁面孔目裴宣却带了八班差役横刀挡在那里，不准众人上船抢救东西。

两个争执不下，李应也出面帮助解释，说东西让兄弟们拿了总比烧了好。可是裴宣黑着脸就是不肯，眼见着好端端的一船东西就那样烧没了。大家心疼得直跺脚，把恨都撒到裴宣身上，两边就动了手。裴宣带的人少，哪禁得住这么多人的拳脚，三下五除二就被放倒了好几个。

朱武一行人一边说着话一边就到了山前。场面果然是混乱不堪，水上船的残骸还在冒烟，岸边的人群吵吵嚷嚷，朱武找了半天也没找到裴宣他们。还是杜兴眼尖，指点着不远处的水面说："在那儿，那条小船上。"

朱武看过去，果然看见裴宣和自己的手下都在一条小船上。裴宣那身红袍被撕了好几个口子，身边的人还有受伤躺在船上的。

岸边不远处，混江龙李俊扯着李应、解珍正在说着什么。

卢员外不愧是能掌大事的，打发杜兴把几个人都叫了过来，不等几个人开口，劈头就对解珍说："给你半个时辰，把你的人都给我带回寨里去。半个时辰后，但叫我看见这岸边还有你的一兵一卒，我请令斩了你！"

众人很少见员外发狠，今天对着卢员外刀子一样的眼神，都心虚了。

岸边的人很快撤走了。

李俊把躲到小船上的人们接了过来。裴宣的腿有点瘸。

卢员外扫视了一下众人，沉声道："杜兴、李俊留下来处理后事，其他人跟我往宋公明哥哥那里说话！"

走不远就碰见吕方、郭盛二人拿着宋大哥金皮大令调相关人等聚义厅上问话。事情闹大了！

其实平心而论，朱武也觉得裴宣有点过。

聚义厅上，当堂对质，解珍委屈地说："东西都是弟兄们用命换来的，不论分给谁，总比一把火烧了强。可是裴头领硬是让东西就那么白白烧了，弟兄们不服！"

李应也跺着脚说："一船的布匹绸缎酒肉粮米，就这么白白烧了，心疼呀！"

大家都把目光转向裴宣，裴宣跛着脚一直站着。吴军师拉了一把椅子,扶他坐下,轻声说:"裴宣兄弟,当着宋大哥和众家兄弟的面把你的想法说一说吧。"

裴宣抓着吴军师的手慢慢坐下,冲众家兄弟一抱拳,还未开口,鼻子一酸先掉出几滴泪来,说:"宋大哥,各位头领,裴某也和大家一样,知道咱梁山的钱粮都是弟兄们拿命换来的。我也不想眼睁睁看着这一船好东西被火烧光啊。可是今日之事,实在是出于无奈,不得不烧、不能不烧啊。"

一番话把大家都说愣了。

宋大哥眼睛里也闪着些许迷惑。于是裴宣给众人道出了一个谁也没有料到的理由。

船上的货物各有其主,起火时候却已经难分彼此,大家上船来救东西,必然有人拿多有人拿少,有人动作慢就拿不到。拿少的人,心生不满,会和拿多的人争抢,于是救火的好事最后极容易演变成为只抢东西没人救火,而且还会出现打架斗殴。这是一不可。

火中拿得多的人会因为意外之财而心存侥幸。他会想,原来山寨里得不到的东西,在大火中可以这么轻易地获得。于是下次着火,就难免有人只图东西不救火。更有甚者,还会有人想火盼火,乃至纵火,以求合法地满足自己的私利。这是二不可。

有此二不可,可以知道烧坏一船东西事小,败坏了山寨风气事大。不能因为贪图小利而给梁山种下隐患。

所以似今日这般的危难时候,财物只有两个处置方法,要么归公,要么烧毁,自拿自取、谁救归谁是遗留后患的事,万不能做。

"那今日财物为何不能抢出来归公呢?"神算子蒋敬问了一句。

裴宣回答:"一来财物已有归属,无法甄别救出来的是不是救火者自己的,万一自己抢救了自己的东西还要归公,心中必要生怨恨;二来即使是全部归公,以后补偿,也难免人多手杂,有人私下隐匿,众人互相攀比,这样一来又成了只抢东西不救火。以上都是担心,不是要害，本来排除了这两种担心，还是可以抢出东西归公的。怪只怪解珍未经商议草率下令，火海中财物任人自取。命令已出，事情无法挽回，只有阻止众人上船，宁可烧了这一船东西，也不能坏了风气。"

一番话说得众人心悦诚服，解珍、李应也低头不语。

宋大哥本来要追究解珍等人动手打人之罪，裴宣却极力劝解，众人更加钦佩。解珍当堂下拜，一段不快也就烟消云散。从此宋大哥更加器重裴宣。

吴军师给裴宣的评语是："忠肝义胆，奉公而知大节，受辱而不失志，梁山清正楷模。"

李忠救人

不知不觉已是春深时节，一派杂花生树、群莺乱飞的好景致。这天朱武批完了各处的文书，嘱咐中军主簿写了节略上报吴军师。朱武自己就忙里偷闲从后门溜出来，提调了一条泥鳅小船，由一个老军驾着，往水泊深处来看景色。

才行不远，就远远看见右岸滩上聚集了一群人，中间有一个隐约像是柴大官人。

朱武嘱咐老军把船划近。等离近了一看，果然是柴大官人小旋风柴进。地上还躺着一个老汉，浑身湿淋淋的。朱武心中好奇，就下了船走过来看个究竟。

原来那老汉是山前的农户，年成不好，春天青黄不接的当口一家五口断了粮，还欠着人家十两银子的陈年老债。

眼看揭不开锅，儿子就把种子粮拿出来要熬粥救命。老汉自己不肯，嚷着："饿死爹和娘，不吃种子粮！"坚决不让儿子动种子。可是儿子还是偷偷把种子粮熬粥了。老汉一时心窄，要寻短见，投了水，刚巧被路过的柴大官人遇见，就把他搭救上来了。

柴大官人问随行的军需采办官:"山寨不是有令,青黄不接的时候,周围方圆百里的百姓凡有揭不开锅的,山寨都要送粮到户的。怎么还有人家挨饿?"

军需说:"规定是有的,难题是告示一出,十里八乡的人家都到山寨来领粮食,个个都说自己家缺粮,山寨哪有如此多存粮分给众人。于是便改了章法,每年春节一过,各乡报上名单,山寨统一拨粮,各地自己发放。想是周转调拨,耗费时间,粮食没能及时到手的缘故吧。"

那边老汉已经在众人帮扶之下,坐起了身。听军需官说话,老汉接道:"几位英雄有所不知啊。自从梁山开仓放粮,两年了,我老汉是一粒梁山的粮食也没有吃到过!"

柴进闻听此话就是一惊,蹲下身问:"老丈这却是为何?"

老人把其中的原委讲了一遍。

梁山的赈灾粮食是按时放到各村的,不过各村管放粮的人并不把粮食立时放出去。他要等些日子,等着各家各户来走关节,然后会把和自己亲近的、有所表示的人家列为放粮对象,同时自己也留一部分。真正能拿到救灾粮的普通百姓少之又少!

"乡绅猛于虎啊!"柴进恨恨地说道。说着话从腰间摸了二十两一锭的银子出来,交到老汉的手里说:"老丈,这是一些银子,拿回去买粮买种度饥荒吧。千万莫再寻短见了!"

老汉千恩万谢地走了。柴进看着他蹒跚的背影,紧锁着双眉一语皆无。

沉默了半晌,他突然问朱武:"朱军师,这赈灾的粮食不能这么个发法,这样下去岂不是养肥了那些乡绅,百姓依旧挨饿。"

朱武点点头,确实需要想个新办法出来。

巡山看景的心思早消得一干二净,朱武和柴大官人一路走一路商议,径往聚义厅来。一路上朱武反复考虑,进屋落座的时候,心里已经有了主张。当夜朱武和柴大官人就起草了新的放粮章程。

其一，凡领粮米者需亲自到山寨来办理手续，并且每次限量三十斤，多领多来。这为的是增加领粮手续成本，闹饥荒的不怕麻烦，贪小便宜的就会考虑为三十斤粮食值不值得。

其二，凡领粮米的，需登记姓氏、住址，梁山进行查证。一旦发现有人虚报饥荒，作弊冒领救灾粮，给予严惩，绝不手软。这为的是增加作弊的风险，让贪小便宜的人望而却步。

其三，给每村的困难户登记造册，组成互帮组，凡有新增困难户，需原有众人表决，通过了方可领粮。这为的是让挨饿的人有发言权，穷人最知道穷人苦，谁是作弊的，谁真有困难揭不开锅，立时就见分晓。

其四，困难户组成的自帮组，实行按人口等额放量，有人要进组，经表决接纳的，增人增粮；同时互帮组内要每年公选，大家都公认可以自力更生的，要给予除名，但是减人不减粮，多出来的粮食大家平分。这为的是鼓励吐故纳新，确保把救灾粮用在最需要的地方。

调整了新的办法以后，二人感觉心情稍稍平静了一些。

第二天，柴大官人水泊救人的事情不胫而走。

黄昏时分，朱武到裴宣处拿公文节略。一进门，看见丑郡马宣赞正和裴宣两个人争得面红耳赤。

宣赞拉朱武坐下，跟朱武说："朱军师，你来评评理，救人家性命之后，该不该收人家钱财？"

朱武笑着摇摇头，说："救人是义举，怎好收钱。"

宣赞又问："前日柴大官人救人，不但没要人家酬谢，反周济了人家二十两银子，这是不是大义举动？"

朱武点点头，说："确实是，此事我当时就在场。"

宣赞指着裴宣说："前几日，李忠在泊外的路上也救了一个人，这个不长进的，救完人还收了人家谢礼。这不，山寨里要赏有义举的人，裴宣不考虑柴大官人这样的，却要赏李忠，真是莫名其妙！"

这事情确实有奥妙。朱武看着裴宣点点头，会心一笑。裴宣也笑了，说："就请朱大哥把里边的曲直给他讲讲吧。"

宣赞惊诧地看着朱武，说："怎么，你也是赞成的？"

朱武把椅子朝他拉近了些，说："宣赞兄弟别着急，听愚兄给你讲两位古人吧。

"子路拯溺而受牛谢。孔子曰：鲁国必好救人于患也。子贡赎人而不受金于府（鲁国之法，赎人于他国者，受金于府也）。孔子曰：鲁国不复赎人矣。子路受而劝德，子贡让而止善。"

孔子的学生子路，有一次救了一个落水的人，被救者家里人非常感激，送了他一头牛。子路高兴地接受了这头牛。于是孔子说："好啊，将来鲁国的人，都愿意救人了！"

孔子还有一个学生叫子贡，他在外国为一个被迫为奴的鲁国人赎了身。依照当时鲁国的法令，在国外为本国奴隶赎身，可以到政府领取一笔钱。但是子贡只救人，却没有收政府发的这笔钱。孔子说："这样有问题啊，恐怕以后鲁国没有人在外国替本国人赎身了。"

为什么孔子这么说呢？

因为子路给大家树立了一个榜样，这个榜样告诉人们救人也可以自己有回报，这一点即使是思想不那么先进的人都可以接受，所以这是容易做到的善，无论贫富贵贱或者思想境界高低，大家都可以模仿。这样一来，各个阶层的人士肯定都争相为善。

而子贡是一个富商，以当时多数人们的生活水平看，很多人即使想像子贡那样做，也没有那个经济条件。子贡也树立了一个榜样，就是做事情可以不计个人利益，不要政府补助。这个榜样确实很让人钦佩，可是这只适合那些有雄厚的经济实力且思想境界已经很高的人，所以子贡的榜样属于难为之善。孔子担心一旦政府按照子贡的标准来要求众人，那么做善事的人恐怕就越来越少了。

对于一个管理者来说，如何劝善确实是个重要问题。

在劝善的过程中，最常使用的工具一个是建立制度，一个是道德教育。这是两个完全不同的手段。管理者可以宣传子贡式的先进典型，

鼓励人们做善事，但是千万不能把这种模式作为制度设计的模板。劝善就是要劝大多数人做好事，这当然就要考虑大多数人的经济水平和思想境界，如果按照少数优秀分子的标准为大多数人定做制度，那就是完全的"画饼充饥"、"空中楼阁"。

李忠就好比子路，他提供了一个劝善的样板，而且这个样板绝对适合梁山绝大多数小喽啰的思想水平和经济水平。所以，在制度设计上，就要比照李忠案例。我们要肯定人们的个人利益，让大家都知道做好事有好的回报，并且把这种实实在在的回报宣传出来。

因此，宣传李忠，不是宣传他的思想境界，而是为了宣传我们的回报机制，以鼓励和号召大多数普通人也努力做善事。

而柴大官人就好比子贡，对他的宣传是纯粹的道德表扬，跟制度设计无关，我们绝不会因为一个柴大官人做好事不要实惠，就否定很多个李忠做好事要实惠的行为。人们总是有差别的，管理者当然要承认大多数普通人和经济上、思想上都领先的优秀分子的不同。

因此，对柴大官人事迹的传播只限于道德赞美而不会涉及制度，在小喽啰的心目中，无疑李忠的事迹更有吸引力和说服力。

这也就是我们首先要宣传李忠的原因。劝善贵在能劝众。

我们就是要用制度设计解决底线问题，然后再通过道德教育，使人们的境界逐步提高。

宣赞大瞪着两只眼睛，听得愣愣的。

裴宣在一边则是频频点头。最后，等朱武说完了，他意味深长地补了一句："要用规则管事，而不是用良心。"

 白胜骗酒

早上刚用完早点，小校来报说笑面虎朱富与玉臂匠金大坚求见。朱武一边穿外衣一边往外走，迎面朱富、金大坚两个人争吵着闯了进来。朱武感觉很有趣，一个管酒肉，一个管印章，本来是不相干的，不知道他俩争吵是什么缘由。

一问才知道，前时攻打大名府，得了四十几坛御制美酒。宋江哥哥传令众家头领各自分发五瓶品尝。朱富主管分酒事宜。

领酒凭的是宋大哥专用的大印。用印的当然是金大坚。

本来酒就不多，还要留些存底，所以朱富发得格外仔细。发完之后核对数量，发现多发了三份；核对手续，各个都有金大坚用的印，所以朱富就怀疑是金大坚自己用印多领。来找他理论，金大坚却矢口否认。两个人争执不下，最后就调出有关手续再次核对。金大坚发现有两个印是假的，朱富却说是真的，是金有意开脱自己。最后，两个人决定来找朱武辨认，因为朱武是主管中军印信的。

朱武当时一看，就知道那印是假的。在用印的时候有个秘密，只有吴军师、朱武和金大坚知道。山寨大印有三颗，表面上看相似，其实却有差别：一颗"梁山之印"的之字上点是隶书体，一颗是楷书体，一颗却是篆书体。凡是文书用印，使用的是隶书体的那颗；凡是调动军队，使用楷书体的那颗；而领用钱粮使用的则是篆书体的那颗。领酒当然要用篆书体的那一颗，但是眼见着眼前的印记是调动军队用的，根本不是领钱粮用的。

听朱武说是假印，朱富一咧嘴，金大坚嘿嘿地笑了，说："咱山寨用印是有规矩的，不是说随便人就能仿造的。"朱武见金大坚说多了，忙拿眼神示意他，他识趣地住了嘴。

回过头来朱武对朱富说:"朱贤弟,事情其实好查,领酒的时候都有签收吧。你只要看看谁多签了自然就能看出是谁伪造的印记。"

朱富恨恨地说:"一定把这个人查出来交给黑脸裴宣治罪!"

一查果然把这个人查出来了,后山库上的记录上别家头领都只签了一次,偏偏白日鼠白胜的大名赫然签了三次。

真是个白日鼠,大白天就敢冒领犒赏。

朱武让朱富写了呈文,送到裴宣处等候发落。下午的时候,裴宣派人来请朱武和朱富带了一应证据过去对质。

朱武一进门看见白胜蔫蔫地也在那儿坐着呢。按照程序把有关证物都一一给他看了一遍,证据确凿,他也没什么可抵赖的。裴宣最后问:"白胜你还有什么说的吗?"

白胜嘟囔着:"我寨里人多,宋大哥给的酒不够喝,只好用以前存的印记多领了十瓶。本想贪个小便宜,还被你们发现了,我认倒霉了,随裴大哥发落吧。"

裴宣拿起一支令箭,口中判道:"白胜假冒印信私领奖赏,判罚银二百两,明日午时在堂前当众打三十军棍。该犯明日午前二刻来交银领打,逾期不到,加倍处罚。"

白胜一脸委屈地嚷嚷:"罚了不打,打了不罚。多领几瓶酒就打三十棍子啊,不服!"

裴宣挥挥手,几个军校过来连推带搡地把白胜撵了出去。

由于还有别的事情商量,朱武把朱富打发走了,然后和裴宣转到后堂说话。刚说了几句,就听外边来报:"宋大哥到!"

裴宣一笑,对朱武说:"看看,白胜搬救兵来啦!"

果然,宋大哥一进屋,连寒暄的话也没有,直接就谈起了白胜的案子。他说:"白胜没有别的毛病,就是贪点小便宜。十瓶酒也不是什么大事情,何况白胜对山寨有不少贡献,当初为了生辰纲的事情可是没少吃板子。念在弟兄情分上,就罚了不打吧。罚二百两银子算了,怎么样?"

因为是裴宣主持的事务,所以朱武基本上采取旁观的态度,也不说话,只看裴宣怎么作答。裴宣很有意思,没有直接回答宋大哥的话,而是笑呵呵地反问道:"白胜刚刚去过大哥那里吧?"

宋大哥点点头,裴宣又说:"听见白胜叫苦,我估计大哥是把自己的那份酒也赏了他吧?"

宋大哥扑哧笑了,说:"是啊是啊,既然他酒不够喝,我又不喝酒,索性把自己的那份也给了他,省得他日后还做这丢人的勾当。"

裴宣低头沉吟了一下,回头问朱武:"朱大哥养过猫吗?"

一句话把朱武和宋大哥都问愣了,不知道这个黑脸判官葫芦里卖的什么药。朱武摇摇头说:"没有养过。"

裴宣说:"刚到山寨的时候,我养了一只猫。"看着裴宣津津乐道的样子,朱武马上明白了他这是要借养猫给宋大哥进言,不过真不知道养猫与处罚白日鼠有什么关系。就听裴宣接着说:"有一天我正在吃饭,忽然听见外边鸡笼里一阵嘈杂,隔了一会儿就见我的猫叼着一只小鸡进屋里来了,那小鸡还在不停地挣扎。我心疼小鸡啊,就连忙从桌子上夹了一块鱼丢过去,引小猫把鸡放下。小猫果然听话,放了小鸡来吃鱼了。小鸡飞快地跑掉了,逃了一命。"

说到这,裴宣顿住了,问宋大哥:"兄长觉得我有什么不妥吗?"

宋大哥摇摇头,说:"没什么不妥啊,当然不能眼睁睁看着猫把小鸡吃掉。"

裴宣把话接过来,说:"可实际上第二天我就发现自己犯了巨大的错误。"

"哦?"宋大哥感兴趣地看着裴宣说,"你错在哪里呢?"

裴宣继续他的故事:"第二天,我吃饭的时候,忽然门帘闪个缝,那只小猫进来了。它拿眼睛直勾勾地盯着我桌子上的鱼,我看见他的嘴里叼着两只小鸡。"

"所以——"裴宣有点得意地看着宋大哥,"我错就错在不该在头一天给小猫鱼吃。小猫偷鸡吃,是犯了家规的,为了纠正它的行为，我使用了奖励的手段——用好吃的鱼跟它交换。这个不当手段直接造成的不良结果就是，第二天小猫想吃鱼的时候，又抓了更多的鸡。本来想制止不良行为，结果反倒引发了更多的不良行为。

"白胜就好比这个偷鸡的小猫。现在他犯了家法，大哥你不但不处罚他，反而给他美酒安慰他，那下次他再有贪心的时候，就会使用更严重的手段。而且，这个事情一旦在梁山传开，上行下效，后果不堪设想啊。

"我梁山要想惩恶扬善、长治久安，该使用惩罚手段的时候，就要毫不犹豫地使用，否则就会贻害无穷。"

一席话说得宋大哥良久不语。

朱武补充道："小猫两次进鸡笼，说明笼子也要修修了。我这就回去定一个新的印信章程出来，堵塞漏洞。"

第二天，白胜当众被打了三十军棍，全军肃然！

裴宣不掌细作

宋大哥把梁山的绝大部分考核奖罚的事宜都委托给了裴宣。

不过只能说是绝大部分，而不是全部。梁山各路细作（谍报人员）的考核是单独进行的，所用钱粮由李应统一拨付，完全不经过裴宣之手。

此事是军师吴用给宋公明哥哥的特殊建议，连裴宣自己也不知道。

有一天，中午用饭的时候，裴宣见左右无人，低声问朱武："朱军师，有一事请教，传闻山寨中尚有一支人马是宋大哥亲领的，粮饷及犒赏之物不经中军，直接向后寨取用，可有此事？"

朱武点头道："确有此事。"

裴宣眉头一皱，说："赏罚不归于一处，似乎不妥当啊。"

朱武说："此事确实有些曲折，说来话长，此处不是讲话所在，你我后厅详谈！"

到了后厅，朱武就帮裴宣分析了一下这个设计的苦心所在。

实际上，这支人马人数不多，不到七百人，全是山寨在东京汴梁以及各重要州府县安插的细作眼线。实际的领导人是神行太保戴宗。奖罚全凭他处置。

这是一支特殊的部队，构成十分复杂，落第举子、衙门小吏、经商小贩、井市无赖……应有尽有。他们为梁山传递情报也各有所图，有人为钱，有人为泄愤，有人为报仇，有人为打击政敌，有人因爱慕梁山威风，有人为自己留后路。

古语有云：水至清则无鱼，人至察则无徒。管理这样一支良莠不齐的队伍，如果任用裴宣这样的清正耿直之人执行赏罚，过不了几天，一伙人肯定就要作鸟兽散。梁山又不能少了这些耳目，只要他们的行为不出大差池，能为山寨办事，就要容忍，该赏的还要赏，该用的还要用。因此，在这样的情况下必须有一个机巧应变的人来掌管这支队伍。

戴宗在官府牢城营做过负责人，熟悉官场和市井风俗，为人机敏，善于处理各种人际关系，见人说人话，见鬼说鬼话，正适合这个职位。

听朱武这么一解释，裴宣若有所悟地点点头。朱武一笑，看着他的黑脸继续说道："除此以外，宋大哥还有一层深意在里边，不知裴贤弟能否明白？"

"哦？"裴宣摇摇头，"还请朱军师讲明白。"

朱武给裴宣提起了春秋五霸的齐桓公和相国管仲的故事。

当年，齐桓公与管仲一起讨论治国之道。管仲却和他讲起了养马的事情，他说自己以前养过马，然后问齐桓公养马这项工作什么最难？齐桓公感觉很好笑，就说养马有很多环节都很难，比如饲养、训练、治病等。管仲摇摇头说，不对，这些都不难，难的是扎马圈的围栏。齐桓公哈哈大笑，让管仲讲讲为什么。管仲说扎围栏难就难在选第一根木头，如果第一根木头选的是直的，那么以后再用弯曲的，围栏就扎不结实；同样，如果第一根木头用弯曲的，那么以后如果再用直的，围栏一样也不结实。国君治理国家也是一样，最困难的工作是用人，而用人过程当中最要紧的事情是选择好"第一个"。

裴宣点头赞叹道："军师说得透彻，小可明白了。管理细作眼线，就是要扎曲的围栏，而我这个人为人太直，一旦我管了一任，那以后的工作就不好做了，因此一定要选一个机敏圆通的人来做这第一任，才能把根底打好！"

朱武不禁击掌大笑。裴宣聪明。

时光荏苒，转眼又到了冬天。入冬以后，由于战事紧张，戴宗往来传递消息，事务过分繁忙，就交卸了这个差使。在戴宗之后，宋大哥和吴军师选的继任者是浪子燕青。

这是朱武早就料到的。

燕青上任那几日，正赶上连日鹅毛大雪。卢员外专门设了酒席，把平日里常来往的一干人都请来吃酒，也连带着给燕青贺喜。大家一边吃酒一边赏雪，正聊得开心，冷不防听见窗外山崩地裂一声巨响。在场众人无不大惊失色！

要知这响声从何而来，且看下回"宋清设宴"。

本回提要：
快速激励士气的办法、团队工作的三个目标、底层工作为什么能促进快速成长

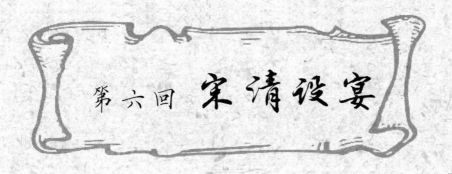

第六回 宋清设宴

上回书说到卢员外、柴大官人和朱武等正在饮酒赏雪,忽听窗外天崩地裂一声巨响,震得梁上尘土沙沙下落。卢员外手中酒杯不由得啪的一声掉在地上。

众人正在惊疑之际,隔窗只见一骑快马从雪中飞驰而来,马蹄翻飞,在身后扬起一道雪线。

那人在门外滚鞍下马,天冷地滑,一个没留神,重重地摔在地上,滚了一身的雪,也顾不得拍打,径自朝院里走来。离得近了才看清,来人非是旁人,乃是前山右寨统军副将火眼狻猊邓飞。邓飞一脸焦急,眼睛也熬得红红的,真的成了一个"火眼"。

因前山左右两寨事务是卢员外统辖,卢员外见是邓飞,当时变色。

邓飞施礼,朗声报道:"员外哥哥并众家兄长,连日大雪,右寨外墙陈旧,昨夜出现墙裂二十余处。主将索超带领我等连夜抢修,不料天亮时分,多处崩溃,辰时一刻城墙一体倒塌,共死伤二十六名兄弟。索大哥差小弟飞马来报,请主将定夺!"

众人一惊,右寨乃梁山大门,扼守上山咽喉,十分紧要,城墙一体崩塌,此事非同小可。

卢员外比初到时老成了许多,心下虽急,但脸上神色不慌张,说:"此事紧要,需得从速处理,各位兄弟请屋内讲话。"

进屋落座之后,卢员外拿眼睛看朱武,说:"朱武贤弟对此事有何见教?"

自东昌府之役后,卢员外每逢大事必来找朱武,众弟兄对此也习以为常了。

员外器重,朱武怎敢怠慢,当即凝神静思,心中即打定了主张,开口道:"诸位,此事非同小可,若在炎热时节当可缓些,偏是隆冬,正成大患。如今连日大雪,有道是霜前冷,雪后寒。据雪前侦察，水泊已开始结冰，大雪过后，必定全面封冻。若此时官军来袭，我必无险可依，今石城又溃，形势十分险恶。此事关乎梁山存亡，万万不能马虎。"

卢员外频频点头，说："那依贤弟之见呢？"

朱武起身一躬，说："对策小可已成竹在胸，却要借员外大令分兵派将。"

卢员外当即点头，说："贤弟只管安排就是。"

朱武的安排是：索超、邓飞引本部一万军马即刻往泊外十里处扎营，谨防官军偷袭；员外带陈达、杨春、马麟、燕顺亲往主持，并请关胜、呼延灼两将军各引本部军马于侧后驻扎，以成鼎足之势。此为第一等要事。

"那这边修城墙的事呢？"

"此事有三人即可。"朱武答道。

众人都好奇地看朱武，员外问："但不知是哪三人？"

"非九尾龟陶宗旺、轰天雷凌振、圣手书生萧让不可。"

当下众人皆诧异了。

燕青道："凌振是专掌火器的，哥哥调他不知何用？"

柴大官人亦抚掌笑道："萧让是个书生，这修城墙之事，要倚仗他，却是奇事。"

朱武并不言明，只道："妙处各位稍后便知，但请员外依计而行。"

卢员外点头应诺，并留燕青相助，自引军马山前驻扎去了。朱武招呼燕青去请凌振。不一会儿，凌振就披着一身雪赶到了。进了军帐，凌振施礼道："小弟凌振听候将令。"凌振身材结实，一看就是行伍出身，可能是刚从火器营出来的缘故，身上还带着淡淡的硫黄气味。

朱武安排道:"凌统制可速取五千军汉来营听令,要备足炸爆应用之物。"

凌振应诺,朱武又嘱道:"还有一事,将军谨记,每名军汉随身须备木桶一只听用。"

燕青和凌振同时用不解的眼光看朱武:"但不知备这多木桶何用?"

朱武道:"此番山寨遇险,二位可知一等大事是什么?"

燕青道:"是防守官军?"

"小乙贤弟聪明,凌将军可知这防备官军的第一要事为何?"

"敢是山前伏兵?"

朱武摇头,说:"伏兵是应变之策,若要长久安稳,须防的是这水泊封冻,我梁山万万不能失去这八百里天赐的险要。此番调凌将军前来正是为了此事。"

"军师高见,但不知木桶可是为炸冰之用?"

朱武又摇摇头,说:"此次修复石城的难处有八个字,二位切记:'不可慢修,不能快修。'何为不能快修?这石城自王伦以来年久失修,一旦倒塌,彻底修葺,费工费料,并非三五日之功。此为不能快修。但石城是梁山依凭险要,一旦倒塌,人心不稳。更有一层,石城地处高处,远近可见,若残破日久,必为众人所知,一来有伤梁山威名,二来令官军生觊觎妄念,此为不可慢修之理。所以必当寻一个两全的办法。这个办法正在这小小的木桶上。凌将军破了坚冰之后,须督令五千军汉就便取水浇城。且浇且冻,层层加固,两日就可成一座坚固冰城。那边我再差陶宗旺备料、派工,周详修复,二位看如何?"

燕青、凌振喜不自禁,齐声叫好。

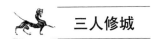 三人修城

冰城筑成之后,卢员外便安排了萧让、陶宗旺着手修城。二人连日赶工,但天寒地冻,修城进展缓慢。

此事宋江、吴用二位大哥十分关切,早差戴宗往来问了数次,并遣山寨管钱粮供应的头领小旋风柴进前往督工,供应一应钱粮物料。卢员外也自山外大寨发来飞书催促进度。

柴大官人到寨后便遣军校来请朱武前去议事。

朱武心里早有主意,便托故不去。柴大官人急切,连着三日派人来请,朱武对来人道:"告诉你家大官人,去也去得,但需你家大官人亲自来请。"午后,柴大官人果然亲自来到,朱武上了二人抬的暖轿,径往石城军帐而来。

进帐之后,与燕青、萧让、陶宗旺等人相见。

陶宗旺是个爽直汉子,心里的不痛快早挂在脸上,要不是柴进眼睛阻止,便早和朱武发作了。萧让不曾使出脸色,却含着笑,拿言语来挖苦朱武:"朱大哥好气派,连着三日相请,非柴大官人到场才肯动尊驾,我等修墙补路的好生羡慕。早知如此,当初我也不该应了朱大哥的机谋,来修这老墙,但去安座饮酒,赏这山水雪景,岂不美哉?"燕青是个有心机的,只道:"兄弟休怪朱大哥,他必有妙计安排。"

朱武并不与萧让、陶宗旺计较,却转头对柴大官人说话:"大官人休恼,朱武连请不就,却是为大官人修墙做的谋划。"

朱武把自己的想法告诉了他们,这次修城费了很多时间,拖了这么久,大家都已经出现了疲惫的心理,最初的热情和紧迫感所剩无几。正是:事烦心怠,日久神疲。

这个时候,全体官兵都需要激励。只有把士气激励上去了,官兵们才能振奋精神,把城修好。这个情况下,需要做两件事情。

激励士气的方法之一:仪式、标志

一是用一个仪式和一个标志性的事情来展示决心,鼓动斗志。朱武之所以三请未到,就是为了做这个标志性的事情。现在全体官员都已经知道了柴大官人为了修城屈尊大驾三请朱武,还亲手为朱武掀轿帘。这样大家都了解到了主将一定要把城修好的强烈愿望。希望柴大官人趁势打铁,改天组织官兵开誓师会,把大家的这种感受给予强化。同时,在会上,我们要公布一个方案,这个方案是我们激励士气的第二招。

见朱武说得头头是道,众人脸上都没了开始时的不满情绪。

萧让问:"但不知这第二招是什么?"朱武笑着问他:"请问贤弟,若愚兄有一匹好马,已经跑得很快了,若想让它跑得更快,应该如何?"

陶宗旺憨憨地说道:"拿鞭子打它呀。"

"若是不用鞭子呢?"

众人沉默了,片刻之后,柴大官人眼睛一亮,说:"我少年时候见人斗马,那马跑得如风一般,我心里爱惜,就重金买来,可是自己骑的时候,总觉跑来没有当初所见的那般快。有一日,禁军中的故友来访,随从甚多,大家骑马在空地上撒开缰绳,众马之中,我的坐骑风一样飞快。众人无不惊叹。我当即明了一事，非是此马衰老，实乃每日我只拿它做脚力，它独自行走，并无争强好胜之心，所以才慢。朱军师所言，只合此事。"

"柴大官人睿智，马和人是一样的，只有在有对手的时候，才能激发出更大的斗志、更大的潜力。所以我的第二方案就是改变原有的

激励士气的方法之二：竞争

工作方式，把全军分成两队，各自下达任务，进行比赛，胜者有奖，以鼓舞斗志。"

为加快进度，朱武把队伍分成左队和右队，分别令陶宗旺和萧让掌管。整个城墙分作六段，各队分领三段。每段计算时间，先完工者奖励，开庆功会，戴红花，发银子。

此举果然见效，两队你追我赶。萧让工文善书，口才好，常作激动人心之语，每每当众鼓吹，群情激昂。

陶宗旺是个憨将，不善文辞不工言语，每每聚众，只是三言两语。不过陶宗旺只此一节比不过萧让。他与军汉瓦工混作一处，赤胆忠心，更兼精通建筑，吃得大苦，探讨疑处，攻克险工险段，时常亲自上阵。就这样两个人带着队伍你来我往、互不相让，工程进度明显加快。

卢员外、柴进等人看在眼里，喜在心头。

起初是萧让的右队占先，逐渐地陶宗旺的左队赶了上来，并在第二工段赶过了萧让，而且优势越来越明显。

开完了第二工段的表彰会之后,萧让在台后,当着卢俊义、柴进、燕青、凌振、陶宗旺、索超、燕顺、邓飞等人跟朱武发起了牢骚:"朱军师,当初城倒之后,卢头领问谁能修墙,你保举了三人。凌振是爆破高手,陶宗旺是修城高手,偏偏我一个读书人,又不会和泥又不懂垒墙,送我来与陶宗旺兄弟作对手,实在勉强。军师如此安排不知是何道理?"

朱武见火候已到,就对着萧让等众人把想法讲了个透彻。

团队工作的三个目标

凡做大事,必有三种成果:一是炼才;二是成事;三是立制。三者俱全,方可为有功。因此,这次修城,目的不全在成事上。如果城修好了,但其他两个目的没达到,依然不算成功。

先看炼才这一层,本次修城调动了马、步、水军和火器营,而且修城的右、左两队你追我赶,大家各显神通,涌现了许多能人巧手,磨炼了队伍,培养了人才,达到了"炼才"的目的。

再看立制这一层。梁山草创,百事待举。这个时候,形成一个好制度、好规矩,让方方面面的工作都有制可循,步入正轨是极为重要的。

所以立制是个大事,每做一件事,都要形成一套制度和方法,这个事谁来做,一定需要一个目光敏锐、思路清晰、有组织才能而且文字表达能力很强的人。萧让正是这样的一个人选。成立以来,梁山在修造上还没形成成套的制度方法和流程标准。让萧让来参与修筑,正是为了这层原因。

朱武说完之后，众人恍然大悟，萧让自己也笑了。

城墙修好了，大家都想开一个庆功酒宴，可偏赶上山寨控制酒宴，萧让和陶宗旺去了两次都没有申请下来。见大家很扫兴，朱武笑道："各位不必着急，朱某愿意出马，保管万无一失。大家只管到时候准时赴宴就是。"

安排宋清

山寨虽然控制宴会饮酒，可是朱武还是有把握拿到那难得的令牌。

因为朱武与山寨掌管接待事务的这位头领有特殊的交情。这位负责批令牌给大家安排酒宴的头领不是别人，正是宋大哥的弟弟宋清。

当初，宋清护送宋太公到梁山时，在如何给他安排职务上，樊瑞找朱武问了好几次。朱武问他为何这般着急，樊瑞说自己是负责人事安排的，万一哪天宋大哥来问，自己要是答不出，岂不是很尴尬。

朱武奉劝他，其实这个事情的最佳处理方法就是"不知道"。古人说"疏不问亲，卑不谋尊"。宋清的事情，宋大哥自己必定有自己的主张。作为下属，对于这种敏感话题还是不要牵扯为好。你说没考虑成熟，人家也不会怪罪你。不过你要是贸然提看法，一旦现在甚至将来出了问题，人家可是要怪你了。更何况在人前显示出对这种问题早有考虑，对于自己的个人形象并不是什么好事情。

给宋清安排职务实在是个技巧很高的工作。安排低了宋清不高兴，宋大哥没有面子；安排高了，威信不够，大家会觉得你趋炎附势，宋大哥一样会觉得没有面子。

在一次会议快要结束之前，宋大哥和樊瑞说起了宋清的工作安排，樊瑞真的按照朱武的建议，很憨厚地说自己还没有考虑成熟，希望安排个机会听听宋清自己的意见再做计较。散会前，宋大哥看了看吴军师说："军师费心安排一下此事吧。"一个烫手的山芋交到了吴军师手里。

吴军师给宋清安排的第一份工作是在朱富手下做事。朱富主管的是山寨内部的宴会酒食，宋清也就成了一个端茶上菜的伙头军。

大家对吴军师的这个安排都颇觉惊讶。朱武担心的是吴军师的良苦用心宋清未必能理解。果然，朱武担心的事情发生了。

有一天，朱富突然来访。朱富是个大胖子，一年四季脸都红红的，腰里别着雪白的毛巾，说话的时候随时会拿出来擦汗。朱武知道他来肯定是为了宋清的事，果然不出朱武所料。朱富一落座就打开了话匣子："真搞不明白，军师安的什么心思，把堂堂宋大哥的兄弟安排到我那里当跑堂的。这可给我出了难题，跑堂的活计哪里是他这样的人物干的啊。"

原来，宋清两天前撂挑子不干了。朱富先是担心宋清怨自己，又担心宋大哥为此怪罪自己，进而又担心吴军师那里自己没有办法交代。辗转反侧，煎熬了两天，心里实在没底，在亲兄弟朱贵的建议下就跑来找朱武问计。

朱富皱着胖脸，嘟着嘴唇，委屈地说："这哪能怨我啊。军师叫给安排脏活累活，我已经打了许多折扣了。这不，人家还是受不了走掉了。也难怪，堂堂宋大哥的亲兄弟，整天给别人端茶倒水，换了我，我也不愿意呢。能干这么些日子已经很不错了。真不知道吴军师安的什么心，这不明摆着难为我吗？"

朱武斟酌了半天，考虑要不要把军师的巧妙安排告诉朱富。仔细一想，军师自己都没有说给朱富，我还是不说为妙。

朱武笑呵呵地对朱富说："朱大哥不要着急，宋大哥和吴军师都关照过的，此事你没有任何过错。你只管回去，我把宋清给你找回来就是。"

朱富连连摆手，说："我可不想再请这尊神了，太难安排了。走了就走了吧。"

朱武摇摇头，说："此话差矣。满山寨大小头领上百号，为何宋大哥和军师不把宋清往别处安排，偏偏安排在你这里，这本身就说明他们对你的信任和看重。你要是推托不就，那可真的是要让宋大哥、吴军师不高兴啊。"

见到宋清是在萧让的小寨里。萧让、宣赞、蒋敬和宋清正在品评一幅书法作品。铁扇子宋清着一身团花的白袍，手执大扇，颇有少年才俊的风范。说实在的，他比宋大哥长得好看许多。见是朱武来，萧让先笑了，说："正说要找位字画高手，朱大哥就来了，那这篇字就劳朱大哥法眼评断吧。"

朱武推托不过，只好先应付几句：

字写得确实不错，是上品，却算不得出类拔萃的神品。神品就是要心字合一，能把自己的心神气质写到字里行间中去，像王右军的《兰亭序》、颜鲁公的《祭侄文稿》都是此类。眼前的字还没有达到心神人字的境界。各位看王右军的《兰亭序》开篇写的是"永和九年"，一个永字，八种笔法，统领了全篇气韵风骨。第一字乃是全篇之帅，帅之精神就是全军精神。眼前这字，发端在"天"字，全字结构严谨，用笔仔细，锋芒收敛。此字为帅，则全文应以和气为主，不料后文却逐渐豪气挥洒，锋芒放纵。这完全是帅不领兵、上下失和的气象。

一番话吸引了宋清,说:"朱大哥高见,小弟还有几幅字,可否改日讨教。"

朱武对他一笑,说:"宋兄弟有求,朱某敢不从命。"接着朱武把话锋一转,说:"不过今日朱某不为字画而来,却专为宋清兄弟个人前途而来。吴军师有要事想请宋兄弟过去说话。"

听说军师有请,宋清一脸不高兴,说:"前时安排了那般不堪的活计给我,不找他理论也就罢了。这番又来找我,不知又当如何害我。"

发牢骚归发牢骚,可是宋清还是很麻利地和大家告别,跟着朱武出了门。朱武故意把他引向了水边荒凉处。走了一会儿,宋清纳闷地问道:"朱大哥这是要带在下去哪里寻吴军师?"

朱武一挥手,笑道:"非是吴军师要见贤弟,是小兄有话和贤弟说。刚才托词军师有请,只为掩众人耳目。"

宋清一脸迷惑,说:"不知大哥有什么话非要在这等荒僻处说。"

朱武神秘地说:"这些话关系兄弟前途,也关系宋公明哥哥威望,所以必须要在秘密处说。"

宋清和朱武都下了马,寻了江边小草亭坐下,朱武这才开口问他:"贤弟可愿意回朱富处继续公干啊?"

宋清扑哧乐了,说:"大哥神神秘秘的,我还以为是什么要紧事,原来是劝我回朱富那里。实话实说吧,我可不肯再回去了。"

朱武问宋清:"贤弟可知军师安排你在那里的深意?"

一句话把宋清问愣了,他眨着眼睛思量了半天,迟疑着问朱武:"每日里就是锅前灶后,端茶倒酒,能有什么深意?"

见火候已到,朱武才把里边的奥妙告诉宋清。

吴军师安排宋清在朱富手下干的，确实是脏、累的活计，而且面子上也不沾光彩。不过这其实是在帮宋清。为什么这么说呢？原因有三。

第一，宋清刚来梁山，人头不熟，威望不够，名气不响，仅靠着一把手弟弟的名分，在这个靠名气和本事吃饭的地方，难以有什么大

做基层工作的收获：名声、形象、人脉

发展。所以，吴军师要先给宋清一个扬名的机会。这么一个脏、累的下等活计，小喽啰干了，没有人会理会。偏偏宋清做了，情况就大不一样。宋清是谁，是梁山一把手的弟弟。身居这样的地位，又有本领，却能兢兢业业地从基层做起，去端盘子、倒酒水，这一定会让众家兄弟刮目相看，短时间之内，威望和美名就会广泛传扬。这就有了进身的底子。

第二，宋清久在家中养尊处优，对于梁山的风物人情全无概念，对于梁山的为人处世风格也全不了解。从基层做起，正可以开阔眼界，磨炼心性，弥补欠缺。吴军师安排的这个岗位，下接底层小喽啰，上通各位大头领，是一个增长见识的好机会，而且在下层人物中做脏、累活计本身也正在磨去宋清的公子哥气派，让宋清多几分梁山气，不但为头领们欣赏，也能让小喽啰们喜欢。这对以后事业的发展是极其重要的。

第三，宋清久在郓城家中，和江湖上好汉缺少结交，这一点完全不能和宋江哥哥比。没有人脉就根本不可能在梁山有发展。吴军师正是看到了这一点，才要给宋清一个补功课的机会。朱富是管酒席的，每天里各位头领进进出出，络绎不绝。山寨里不管是谁，不

管做什么职务,个个都离不开吃饭喝酒,所以宋清处的位置正好可以和各色人等有广泛接触。众人见宋大哥亲兄弟少年才俊,如此肯干,谁不愿意结交。这样短时间里,宋清就可以认识很多人,创造很多机会,并且可以和众人混得十分熟悉。

所以吴军师安排的这个职位,实在是一个传美名、交朋友、树形象、打基础的绝妙位置。这等良苦用心,实在令人感动。偏偏这里边的奥妙,不适为外人知道,又不便于和宋清本人讲明,完全需要宋清自己去领悟。

"所以,"朱武看着宋清沉声道,"你若是任性不回去,真的就辜负了吴军师的一番美意了!"

宋清眨巴着眼睛,被朱武一番话说得心悦诚服,当即倒身就拜:"小弟愚钝,险些辜负了吴军师苦心。朱大哥恩情,小弟没齿难忘!请受我一拜!"

朱武扶宋清起身,嘱咐他道:"今日言语万不能叫外人知道。我已和朱富讲过,明日你就按时去吧。旁人问起,只说是自己连日风寒发热即可。"

宋清点头答应,他们在草亭拱手作别。

两个月后,宋清人气飙升,好评如潮,获得了好几个个人荣誉,被正式提拔为朱富的副手。三个月后,山寨另调朱富公干,宋清以副代正主持工作。半年后,山寨在原有编制的基础上,成立了负责内外接待工作的专门机构,宋清被正式任命为水泊梁山掌管一切内外招待事宜的中军头领。此时他的位置已在朱富之上。

宋清自从做了招待负责人,一下子变得忙碌起来。朱武和他见面的机会也少了。

不料这天下午，朱武正在批公文，忽然有小喽啰来报，说宋清头领来访。

朱武忙迎了出去。一见面，宋清就抓着朱武的手说："朱大哥，想想办法，帮小弟解除这心头的烦恼吧！"

要知宋清到底有何烦恼，且看下回"宋江提亲"。

本回提要：
如何委婉地拒绝、如何给领导提
意见、有效说服的四个策略

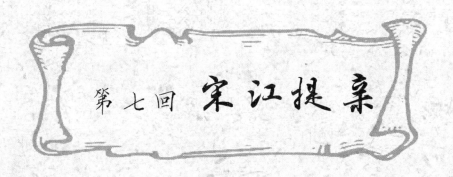

第七回 宋江提枣

上回说到宋清找朱武倾诉烦恼。朱武问他烦恼从何而来,他就把来由讲了出来。原来祝家庄战役之后,扈三娘归顺了梁山,宋头领安排她住在自己家的宅院里,宋头领的父亲宋太公亲自安排起居、照顾生活。三娘武艺好,人也长得好,梁山上有几个好汉都动了心思。其中有一个特别难缠的,就是小霸王周通。周通很乖巧,看准了铁扇子宋清的特殊地位,就来找宋清,求宋清帮忙撮合。宋清受过周通恩惠,不好直接拒绝他,可又实在不想掺和这个事情,十分无奈,今天碰见朱武,就来向朱武讨计策。

"这没什么,我给你出一个主意,完全可以解决的,请宋兄弟放心!"朱武先拿话安慰他,让他稳住心神。

一般来说,人不到为难处是不会找别人讨点子的,所以但凡给别人出主意的时候,一定要先宽慰对方,稳住他的心神。心神稳了,他才能把话说清楚,自己掌握真实情况以后才好出计策;心神稳了,他也才能把话听清楚,真正听懂怎么去做。如果他心神不宁,很难把事情讲清楚,也很难记清楚,这样即使给了他好点子也得不到充分实行。一旦没有取得好的效果,大家往往不会说实行的人自己有问题,反而会说出点子的人空有虚名。那可就是受累不讨好了。因此,在给别人出主意之前一定要先稳住对方心神。

稳心神的办法很简单,就是要明确告诉他这个问题不算什么,有现成的解决办法,帮他减轻心理压力。不过很忌讳的一点是,上来就说:"这个事情很简单,好对付,太容易了!"因为这样一说,无形中抬高了自己而贬低了对方的能力,会引起对方的不快甚至反感。比较合适的说法是:"这个问题有难度,不过不必担心,有现成的解决办法,一定会很快解决的。"

聪明人给人出主意并不难,难的是出主意时候的分寸把握。

朱武安慰了宋清之后,就给他出了一个主意。

宋清目前的处境是心里想拒绝，但是不好意思当面拒绝。这个时候有四个策略可以用。

迂回拒绝的四个方法：沉默、拖延、回避、反问

1. 沉默

用沉默代替说"不"，周通再来提起此事的时候，不回应，不答复，不表态，一笑置之。用沉默表明自己的态度，然后该谈别的就谈别的。

2. 拖延

如果沉默策略不足以让对方死心，他还是穷追不舍，就要使用第二个策略——拖延。可以很认真地告诉他："我现在没有时间和你详细谈这个问题，这样，过几天腾出时间我们再联系吧。"通过拖延，展示你的态度，给对方冷静思考的时间，促使他自己醒悟。

3. 回避

如果对方还是不醒悟，过几天又来找你了，这个时候要使用回避的策略。回避就是先找借口，然后不直接给对方否定答案，但是把答案间接暗示给他。

如果周通还来纠缠你，你就可以告诉周通："我这几天想过了，这个事情我实在是不好伸手，因为我的身份确实比较特殊。我大哥昨天给我立了规矩，我要插手此事是要受处分的。至于你的这个想法，我倒是建议你再好好考虑一下。"

4. 反问

如果对方还存有希望，还是不肯放弃的话，就使用第四招——反问。可以直截了当地反问周通："你自己觉得你们两个合适吗？"

"以上几个策略都是很有效的迂回拒绝方法，请宋兄弟牢记。"朱武说。

宋清得了计策欢天喜地地告辞而去。

给宋头领提意见

扈三娘的亲事终于有了着落。宋大哥亲自做媒,把她许配给了矮脚虎王英。王英是宋大哥的亲信下属,当年宋大哥承诺过要帮他解决婚姻大事。所以这个安排也在情理之中。其实扈三娘也很可怜,一家人都不在了,自己一个人孤苦伶仃地在梁山这个男人世界里打拼,确实很难。有一个家对于她是再好不过的了。

办喜事那天,王英很是自得,对宋大哥的感激之情溢于言表。他穿着一件大红的袍子窜来窜去,酒也没少喝。不知为什么,看着他的样子,朱武脑海里不由浮现出老杜的句子:

"夫婿轻薄儿,新人美如玉。"

宋大哥有过两次很成功的提亲经验。一次是此前撮合小李广花荣的妹妹与霹雳火秦明的婚事;一次就是这次撮合了王英和扈三娘。

两段姻缘都很美满,而且极大地提高了两个新郎对梁山和对宋大哥本人的忠诚度。

成功容易让人陶醉。宋大哥也是凡人,在两次提亲之后,他也陶醉起来,居然开始热衷此道了。对此,铁面孔目裴宣颇为不满。有一次在某个高层会议上,宋大哥撇开议题津津乐道地提起了给众家兄弟撮合婚事的构想,裴宣当场进言:"宋头领,目前梁山创业不久,百废待兴,众弟兄婚姻虽是大事,但是毕竟不是迫在眉睫,完全可以交给其他的人来操心。宋大哥自己宜把心思放在紧要事业上。"裴宣越说越激动,完全不顾宋大哥越来越难看的脸色,"比如今天要讨论的钱粮问题就是一个关系整个山寨的要紧事。据我所知,山寨存粮不多了,到底如何解决,山寨几万张嘴要吃要喝,大家都看着呢。我们做头领的不能不务正业啊!"

话说得重了,宋大哥勃然变色,手重重地拍在桌子上,震得杯子乱颤。不过，他终于没有发作，环视了一下在场的众人，然后转身离开了会场。

晚上裴宣来找朱武，一脸的沮丧。朱武也不好多说什么，不过真的很理解他的心情。当晚皓月当空，清风徐徐，朱武在凉亭里准备了酒菜，邀他对饮。几杯酒落肚，裴宣向朱武打开了话匣子："朱大哥你说，今日宋头领该是不该，纵使我言语不当，他也该当场指出，善意对待。像今天这样雷霆暴雨，以后哪个兄弟还敢为梁山献计进言啊！"

朱武就安慰他："裴贤弟不必挂心，宋大哥何等聪明人，纵使当场失态，过后定会仔细考虑你的建议。"

裴宣口中叹口气说："楚王好细腰，宫中多饿死；赵王好击剑，国人多疮瘢。今日我梁山宋头领好起了提亲，我担心不久以后，梁山的风气会变。有人提亲，就有人骗亲；有人求亲，就有人抢亲。况且山寨里本来很多兄弟就在这上边有短处啊。"

裴宣这话朱武是同意的。王英是因为抢了刘高老婆，被宋头领制止，为让他听话，才许他一门好亲事的。这正合裴宣前时所讲的"奖猫罚猫"之事（见第五回"裴宣铁面"）。

朱武给裴宣斟满一杯酒，说："兄弟所言我也有同感。今日王英正合了你前时所讲的'奖猫罚猫'之事，我也不由得担心啊。"

裴宣一拍腿，说："知我者哥哥也。那只猫偷了小鸡，主人就拿鱼和它换，下次它想吃鱼了，还去偷鸡来跟主人换。王英正是那只小猫，抢了别人的老婆，宋头领就拿扈三娘和他换。其他的兄弟看见了，要是都去抢亲，难道你都用张三娘、李三娘和他换不成？"

朱武把手中的残酒一口干了，说："裴兄弟，这正是难题所在。前边有人换了，下次不换，显得你对弟兄们有薄有厚，奖励不公人心不服。可是要是照此执行个个满足，那么梁山的风气就真的要坏了。"

"我看那小霸王周通就跃跃欲试呢！无奈宋大哥不听劝解啊。"

裴宣边说边摇头。

朱武笑了，说："好兄弟，不必担心，明日看愚兄说服宋头领去。"

裴宣惊讶地看着朱武，说："朱大哥说的是真的？"

朱武正色道："事关山寨大业，决不敢有分毫戏言。我早已下定决心了！"

裴宣笑了，说："朱大哥，小弟敬你！请满饮此杯！"

那夜的酒喝得很痛快。人生难得遇到缘分相投又意气相投之人。后来，他们两个喝得都有点多了。回来的路上，看着天上的明月，感觉风也是香的。

朱武给宋大哥提意见当然不会像裴宣那样直来直去。朱武会使用一些技巧。提意见最重要的当然是自己的意见被对方所采纳，在这样的前提下，使用一些技巧是非常必要的。我们经常会看见甚至会亲身遇到这样的情况：话是好话，意见对双方都有好处，但是仅仅由于说话的方式和技巧的问题，搞得双方不欢而散，甚至形同仇敌。

可见技巧是非常重要的。

给领导提意见的三步法：承认、同化、附加

朱武的技巧是一个标准的三步法。

第一步叫作承认。无论如何，首先要认可对方，特别是当对方是你的领导的时候，这个认可就显得极其重要。如果他的主意不好，就认可他的眼光；如果他的眼光也不好，就认可他的原则；如果原则也是错的，那么至少要认可人家积极的态度。总之，一定要找出一些可以认可的东西来，以真诚的态度加以赞扬。这样可以取得对方的信任，为以后的进言做好铺垫。比如，吴军师出了一个计策，大举进攻东京汴梁。这个计策是一个不自量力的策略，当然本身有问题。不过在反对的时候，朱武首先还是要认可它的战略眼光，比如说攻敌所必救，出其不意，擒贼擒王等。即使这些都没有什么可以赞扬的，至少，这种坚决打击敌人的态度和勇气还是完全可以认可的。

第二步叫作同化。也就是说，要在说出建议内容之前有一个表态。怎么表呢？要领就是在前一步认可的基础上，讲一讲自己认可的那些东西对自己的启发和教育作用，进一步指出自己后边的想法都是在这个重要启发的基础上形成的。这个表态非常重要，它表示出了自己的立场不是和领导对立的，而是和领导站在同一个队伍里的，是受了领导的启发才有所建议的。这样，即使建议错了，立场还是对的。这样，领导自己就会消除敌意，周围的人（即使一些奸佞小人）也不好做落井下石的举动。

第三步叫作附加。这其实是整个建议的核心部分，在前边做了两步铺垫的基础上，这个核心部分才可以登场。而且说的时候，不说成是自己的建议或者想法，而是说成"受了前边的启发以后的个人的一点不成熟的想法，作为对领导意见的补充，供各位参考"。这样，就可以不显山不露水地把自己的意见讲出来了。目的只有一个，就是为了减少抵触情绪、减少冲突和敌意，使得自己的建议真正地被大家所重视，被领导所考虑。

或许很多人对这样提意见持不同看法，耿直的人会觉得这样提意见太过虚伪，豪爽的人觉得这样提意见太过隐晦，简要的人会觉得这样提意见太过啰唆。其实，天下万事没有绝对的完美无缺，我们做事情只要把最主要的目的达到了就可以满意了。提意见的最主要的目的当然是想让自己的意见能够被接受。只要能达到这个目的，那么啰唆一点儿、麻烦一点儿，甚至虚伪一点儿都没有关系的。这是做事情的胸怀。

所以，在目前宋头领比较敏感的情况下，朱武决定选择这个策略向他提意见。

第二天，正好山寨有一个小规模的会议，只有吴军师、卢员外、柴大官人等几个人参加。朱武决定在这个会议上找机会发言。

提意见还有一个基本的原则，就是尽量选择小的场合。当众提意见极容易导致对立情绪，从而把一个好事情办砸锅。

古往今来，很多人提意见的时候不注意场合和方法，凭着热诚和良好的愿望上来就说，这种情况往往会引发冲突。一旦真的冲突起来，双方剑拔弩张、水火不容，不但自己的意见被否定、被打击，而且后来的人也没有办法再进言了。这其实是以一人的愚忠损害天下人的利益的行径。不但不值得歌颂，反而要受批判。本来嘛，要是有技巧的人提，是完全有可能被采纳的，那样就是众人受益了。现在一个没有技巧的人鲁莽地提出来了，跟领导发生了激烈冲突，提同样意见的路就被堵死了，以后即使有技巧的人也束手无策了。这当然是一种逞匹夫之勇、卖弄愚钝之忠而不顾众人疾苦的可恨行为。

朱武选择小的场合，完全是考虑到宋大哥本人的面子，既然提出来，就一定要尽量确保让他能顺顺当当地接受下来。

第二天开会的时候，果不出朱武所料，谈着谈着，就谈到了山寨最近的大事。宋大哥说完王英的婚事再说秦明的婚事，然后兴致勃勃地跟大家说自己正在酝酿下一桩呢。

朱武当时接过话头，开始朱武早有准备的发言。

首先，朱武肯定宋大哥的出发点和眼光："宋大哥关心兄弟们的个人生活，亲自为兄弟们考虑个人问题，令我们大家都非常感动。而且，为兄弟们安家能解除大家的后顾之忧，这个事情本身对于山寨的稳定和发展也有十分重要的意义。"

其次，朱武对自己的立场进行了同化："以前我也经常想咱梁山的最大优势是'义气'二字,弟兄们情同手足、生死与共,这正是梁山发展壮大的根本。那如何体现这个义气,用义气来教育新入伙的弟兄呢,我也常困惑。最近,亲眼见到、亲耳听到了宋大哥的策略,我深受启发。关心兄弟们的生活确实是一个很好的切入点,而且见效最快。在宋大哥的启发下,我也有了些自己的想法。"

最后,朱武才把自己的想法拿出来:"我把自己的这些意见作为一个补充,请宋大哥和各位考虑。关心弟兄们的生活是一个聚拢人心的好办法。这个关心不只限于头领们,也要广泛地施加到下边的弟兄们身上。目前看,山寨存粮告急,有的弟兄已经在限量吃饭了。如何解决每年都出现的春荒断粮问题是一个大家都关心的大事,也应该作为凝聚人心的重点来考虑。还有,宋大哥作为山寨之主,亲自为手下弟兄们张罗亲事,让大家都很过意不去。我也有听兄弟们说过,大家都希望宋大哥能节劳省事,几百个头领、上万号弟兄、十一省的家眷,这个摊子日常的事情很多,宋大哥做了示范,开了个好头,以后就委派给孙二娘、顾大嫂她们就可以了。宋大哥没必要事必躬亲,大事小事都管。目前山寨的紧要事情已经够多了,弟兄们都不好意思拿私人的事情来分宋大哥的心了,更怕宋大哥操劳多了,一旦身体累坏了,那梁山的发展可就受影响了。"

一席话说得众人点头,宋大哥也满脸微笑:"请朱贤弟转告大家,兄弟们的心意我宋江领了,我一定不辜负大家的厚望。"

吴军师看着朱武,脸上挂着意味深长的浅笑。朱武知道,吴军师是智珠在握的人,这一切自然他都看明白了。

后来,宋大哥就忙着筹粮备战的事情了。头领们的生活问题都委托给了顾大嫂负责安排,任命的文件是宋大哥亲自签发的。

说服镇三山

周通实在是个不知道深浅的人,才不去纠缠宋清了,却又惹了

另一桩麻烦出来。

王英的喜酒吃过了,周通和李忠喝得醉醺醺地往回走。周通边走边嘟囔:"等俺小霸王也学王英大哥,抢上一个知寨夫人,专等宋大哥也换个老婆给俺,嘿嘿……"

说者无意,听者有心。旁边早惹恼了一个好汉,就是当年的青州兵马都监镇三山黄信。黄信在青州的时候正是周通的对头,他对周通的劣迹非常了解。当时听了周通的言语,黄信怒从心头起,接茬狠声道:"真是'狼行千里吃肉,狗行千里吃屎'。没悔改!"

周通本来没有注意旁边有人,黄信这么一说他可不干了,大叫:"哪个鸟人,敢骂爷爷我!"

黄信也喝了些酒,哪里肯示弱,迎上去说:"骂你就如骂条癞皮狗。"

一时言语不和,两个人就动了手。周通哪里是黄信的对手,被打得大叫。旁边的李忠上来劝架。黄信也不客气,连李忠一起打起来,三个人扭作一团。李忠加上周通勉强可以抵挡住黄信。正打得难解难分,旁边路过的头领菜园子张青夫妇还有操刀鬼曹正、金眼彪施恩等人上来劝架,终于把三个人分开了。

有道是:"君子与小人斗,君子狠在当场,小人狠在背后。"

事情过去了,黄信回去睡觉。周通却暗地里记下了仇恨,琢磨着报仇的伎俩。

后半夜周通悄悄潜入黄信住处,给黄信的马下了极猛烈的毒药。天不亮,马就死了。周通自己却被黄信发现,被追得无奈,逃进李忠住处。黄信向李忠要人,李忠咬紧牙关只说没有,双方僵持不下。黄信手下小喽啰堵住了李忠的前后门。李忠怕事情闹大不好收拾,就托人来请朱武出面说和。托的人不是旁人,正是朱武少华山上的旧相识九纹龙史进。李忠做过史进的师傅,史进好歹这个面子还是要给的。

史进为此事也很烦恼,问朱武该怎么办。

朱武说:"唯今之计,首先是要说服黄信尽快把人撤走,莫要把事情闹大。闹大了对双方都没有好处。"

史进苦着脸说:"方才已经劝说半天了,可是黄信根本就不理会,而且扬言宁可被赶下山寨,也要捉拿周通。"

朱武思量了一下,把自己的想法告诉了史进。

大凡说服人,有四个策略是最见效的。

第一个策略是相似策略。就是找与被说服者有某种相似之处的人去进行说服。这个相似

> 有效说服的四个策略:相似、承诺、互惠、牵连

之处主要是相似的经历、相似的感受,这样能增加说服力。梁山上还有一个人曾经吃过周通的亏,就是双鞭呼延灼。当年周通偷了呼延灼的马,也曾经让呼延灼吃了不少苦头。而且呼延灼与黄信一样都做过兵马都监,又都是从青州上山寨的。让呼延灼前去劝解黄信,一定会有效果的。

第二个策略是承诺策略。人会反对任何人说的话,但是往往不会反对自己说过的话。所以承诺策略就是要让对方自己说服自己。

当年,陈思王曹植曾经很精妙地使用了这个策略来说服父亲曹操。曹操有一副马鞍子放在库房里,库房里进了老鼠,把马鞍子给咬出了洞。按照当时的风俗,东西被老鼠咬了是不吉利的事情。所以管理库房的小吏十分担心曹操会杀了自己,就来求曹植救命。曹植就把自己的衣服上用锥子也弄了些像老鼠啃的小洞,然后在面见曹操的时候,一脸忧愁的样子。曹操很疼爱曹植,就问他为什么不高兴。曹植说,自己的衣服被老鼠啃了,听人家说被老鼠啃了是不

吉利的事情，所以很烦恼。曹操哈哈大笑，当着众人说：被老鼠啃了是很平常的事情，没有什么不吉利的，聪明人何必相信这种无稽之谈呢。过了一日，小吏来报说马鞍子被老鼠啃了。曹操由于前日当众说了那样的话，所以就没有处罚小吏。

这个策略在说服过程中十分有效。黄信上山的时候也是盟过誓的，可以把那时候主持盟誓的花荣请出来，和他说说当时盟誓的誓词，问问他还记不记得。等他亲口说出"有福同享，有难同当，情同手足，亲如一家"这十六个字，就接口劝他，既然是亲如一家、情同手足，就不应该和自己的兄弟这样水火不相容，即使亲弟兄有摩擦，也可以互相原谅。这样苦苦相逼，真的把周通赶走了，被官府拿了去，那可是"亲者痛，仇者快"的事情了。

第三个策略是互惠策略。人有获得就会有回报，投之以桃就会报之以李。周通害了人家的马，人家当然也要回报以仇恨。所以，周通还必须有悔改的表现，有付出的举动，这样才能获得人家的原谅。可以让周通出银子，去皇甫端那里再为黄信选一匹好马，同时安排酒席为黄信处众人压惊赔罪。

第四个策略是牵连策略。古语说得好，"爱屋及乌"。好话还要有合适的人来说，效果才更好。黄信最亲近的人当然有一个，此人乃是黄信的授业恩师，现在位列五虎将的霹雳火秦明。只要秦明出面撮合，事情一定会圆满解决的。至于如何说服秦明出面，同样也是使用牵连策略。秦明本是清风寨知寨小李广花荣的妹夫，有了这层关系，由花荣前去请出秦明是万无一失的。

史进听了计策，不由拍手说："还是朱大哥点子多，小弟这就和李忠师傅去安排。"

一时间请到了呼延灼、花荣、秦明等人。这边把马匹和赔偿的银子也都备好了。众人分拨来说服黄信。这镇三山果然是一开始并不买账，于是众人依计而行，各使招数。等到秦明出场的时候，终于说得黄信心服口服。一场争斗就这样被大事化小、小事化了，顺利解决了。

忙了大半天，感觉确实有些疲乏了，应酬完诸般杂务，朱武就往回走。路上陈达见左右无人，就跟朱武说："朱大哥，我就看不上这个周通，本事没有，却净干些恶劣勾当。"

朱武笑道："兄弟可知当年孟尝君田文脱险的故事。"

秦昭襄王要杀孟尝君。孟尝君向昭襄王的宠妾求救，宠妾说只要能得到孟尝君那件有名的白狐皮袍就出手援救。可是这件袍子此前就已经献给了昭襄王本人。正在无计可施的时候，孟尝君手下有一个门客善于偷窃，顺利地偷回了袍子献给宠妾。于是靠着宠妾在昭襄王面前说好话，孟尝君得以释放。被释放以后，孟尝君要连夜起程离开是非之地秦国，可是按照规定，关口要等到鸡叫的时候才开。而此时，昭襄王已经后悔了，他派出的追赶大军已经出发。危急关头，孟尝君手下的门客里一个善于学鸡叫的人学了几声雄鸡打鸣，于是满城的鸡都开始叫，孟尝君终于逃命而去。后人把救孟尝君的两个人合起来叫作"鸡鸣狗盗"。鸡鸣狗盗之徒在关键时刻也能发挥自己的作用，只要用制度约束他的行为，在必要的时候发挥他的特长就可以了。能任用这样的人更显示出领导者本人的高超智慧。

最后，朱武对陈达说："其实，做大事就是既要用君子也要用小人的。"

陈达若有所思地点点头。

正和陈达说话，没料到门外闯进一个人来，仔细一看，是神行太保戴宗。戴宗进门就说："吴军师召集各位头领到聚义厅前开会，李逵那边闹出大事情了。"

要知李逵究竟闯了什么祸，且看下回"三杀李逵"。

本回提要：如何根据动机分类管理员工、处理与员工冲突的技巧、得罪领导以后怎么办

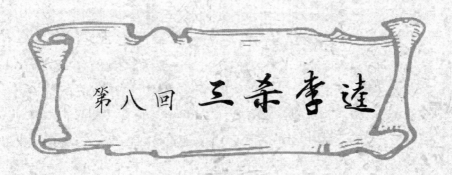

第八回 三斧李逵

上回说到戴宗说李逵那边闹出大事情了。看着戴宗满脸惊慌的神情，朱武感觉到了事情的严重性。李逵平日里也经常闯祸，不过戴院长从来没有这么紧张过。朱武追问道："李逵到底闯什么祸了啊？"戴宗艰难地从嘴里挤出几个字："他要杀宋公明哥哥！"

我的天，他要杀宋江大哥！朱武和陈达当时都傻了……

他们赶到出事现场的时候，李逵已经被捆绑了起来，好端端的梁山大旗被砍翻在地。众家头领都在聚义庭前聚集起来了，宋江哥哥没在场，只有吴军师在主持局面。卢员外也刚到，见员外来了，吴军师笑呵呵地说："员外来得正好，这里的好戏正等员外收场呢。"他居然还笑得出来，真是难得。

员外问军师："宋头领在哪里？"军师低声说："此事和宋头领有关，时下他不便出面，需要员外主持。"卢员外点点头，便吩咐人把李逵带上来问话。

李逵要杀宋头领的原因非常简单——有人到他那里告状说，宋头领强抢民女，而且说得有鼻子有眼儿的。把个黑旋风气炸了肺，倒提板斧就来为受害乡亲讨公道。宋大哥不在聚义厅，李逵就把梁山大旗给砍倒了。

朱武很佩服李逵的仗义，不过他实在没有脑子。宋大哥怎么会抢人家的黄花闺女做压寨夫人呢，他又不是小霸王周通。

李逵那边还振振有词："他怎么就不会啊？做了山大王，谁不想舒服痛快，周通做得出，他就做得出，小老婆他又不是没有讨过。"

李逵的道理让大家又好气又好笑。他真的把宋公明哥哥当成周通一样的人了。

吴军师传令先把李逵关禁闭，他们一干人等来后寨见宋江哥哥。

吴军师喜欢喝茶

宋大哥一脸烦恼的样子，看得出也正在为这个事情头疼呢。樊瑞把事情的来龙去脉简要地做了汇报。"铁牛好让人寒心！"宋江大哥言语之间透着失意和无奈。

吴军师见此情景，走到宋大哥身边，耳语了几句。宋大哥脸色稍解，点点头，然后宣布明早"聚义厅"处理此事，众家头领先各自回寨。

实际上朱武并未把此事很放在心上。回到自己的小寨，处理了几件白天遗留的事情，然后一个人在窗下小酌。

酒才下了几杯，老军前来通报，吴用军师来访。朱武很诧异，问随行的都是谁，老军说没有别人，只有一个小书童。朱武心里就吃了一惊，军师如此举动，恐怕是有要紧事情了。

落了座，吴军师倒和朱武论起了吃茶。朱武笑道："军师雅好，朱武俗人，不解此道，还请军师多多指教。"——既然军师不直接说明白来意，朱武也就只好合着他的节拍进行。

"哈哈，"军师爽朗一笑，"朱武贤弟可记得唐代卢仝所写的饮茶要诀？"

朱武只做不知，军师就兴致勃勃地背诵起来：

"一杯喉吻润；

两杯清孤闷；

三杯搜枯肠，惟有文章五千行；

四杯发清汗，人生不平事，尽向毛孔散；

五杯肌骨轻，六杯通神灵；

七杯不得饮，饮罢两腋习习生清风。"

时明月在天，星河灿烂，军师清音朗朗，举止飘洒，一派仙人风骨，令人神往。

"和军师相处，真让人心旷神怡，胸中一番俗事浊气冰消雪释。朱武有幸啊！"

军师笑吟吟地问朱武:"朱武贤弟来我梁山,为的是吃酒、吃茶还是吃饭?"

朱武一下被问住了,沉吟了半天无言以对。喝酒喝的是感情,吃饭解决的是温饱问题,而喝茶喝的却是精神体验。好厉害的吴军师,他这是在追问朱武上梁山的动机啊。朱武依然是采取自己在领导面前一贯的言语风格——多谈感受,少用分析;只说眼前,不追过去;具体问题,具体回答。

于是朱武说:"我是好酒的,图的是个热闹;吃茶是雅事,怕自己没这份风流。不过我看军师这问题问得似乎别有深意啊!"

军师点点头,道出了自己的一番道理。

根据动机进行分类管理的手段:利益、情义、道义

一个人加入集体必然有其基本动机。

有的人是为了解决温饱问题,或者图的是钱财物质,这个可以比作为了"吃饭";

有的人则是因为这个集体很温暖,有情感因素,大家在一起很开心,这个正好比为了"吃酒";

还有的人则是有更大的抱负要在这里实现,这些人目标远大、心志专注,有更丰富的精神境界,这个就好比为了"吃茶"。

对待这三类不同的下属,需要使用不同的管理策略。

军师的高论朱武深有同感。

对要吃饭的人要展示能力,使用利益手段最有效果。

对要吃酒的人要联络感情,使用情义手段。

对要吃茶的人就要有精神上的引导和激发,多使用道义。

李逵是宋大哥的铁杆兄弟，平时最受宋大哥信任，感情深厚，这样的一个兄弟何以关键时刻却造起反来呢？这其中另有深层次的奥妙。

一个领导留住下属的最有效手段莫过于满意度和忠诚度。满意度往往和物质获得有关，而忠诚度则和精神体验有关。

为什么这么说呢？道理很简单。一个领导可以给下属丰厚的物质收获，让他很满意，但满意了未必忠诚，特别是当下属的物质欲望被刺激起来以后，他更容易被利益所驱使，做出不忠诚的事情。所以，在给予物质的同时还要不断地让下属感觉到做的是有意义的事情，保持精神上的自我肯定。一个人只有在精神上投入一种事业当中，心底才会焕发出无限的忠诚。这种忠诚会超越物质利益的得失和个人的荣辱。

领导的关键技巧就是对下属进行忠诚度管理。靠利益造就的忠诚是脆弱的忠诚，靠感情造就的忠诚是不稳定的忠诚，只有靠道义造就的忠诚才是可靠的忠诚。

而连接忠诚度和满意度的最佳桥梁是信任。利益上信任、情感上信任，这都是低级的信任，成本高、维护频繁、可靠性差；道义上信任是高级的信任，成本低、维护简单、可靠性好。

宋江大哥在对李逵的态度上，就犯了一个小错误，过分强调利益和情感的手段，很少使用道义手段。李逵虽然对宋大哥的实力有充分的信心，对宋大哥的感情也有充分的信心，但是唯独对宋大哥的人品缺乏信心，于是别人一有谣言，他就信了，这才闹出了要跟宋大哥动武的事情。

激动人心的事业和崇高的人格从来都是领导者用来维护下属忠诚度的最佳手段。这方面的事情，宋大哥在李逵的身上做得太少了。或许是宋大哥把李逵看作贴身长随、可靠保镖一类的角色，并没有把他当作大将来定位。对一个随身的长随，当然没有必要使用道义手段，天天跟他讲天下大事、黎民苍生，但是至少要让他相信自己的人格修养，这是很基本的事情。否则就等于在身边留了一个隐患，万一有一天这个贴身的亲近之人忠诚度出了问题，就会直接威胁领导的安全。

古往今来，很多领导人物对身边的人都是采取半拉半防的策略，不过这并不高明，高明的领袖除此之外还要尽心尽力地在贴身人物中进行自我印象的管理，获得人格信任。这一层显然宋大哥并没有重视。

不过限于自己的角色和职位，朱武不便把一切都说破，只能在吴军师谈到这个问题的时候，简单地表达一下自己的观点。

军师是何等聪明之人，显然把一切都看在眼里了。这次一个人前来，很明显就是要听听朱武的意见："朱武贤弟，梁山上似铁牛这般莽撞之人不在少数，如何管束这些人，我还想听听贤弟的高见？"

朱武有一个习惯，跟重要人士交谈的时候，手边一定要有一个茶杯，朱武习惯于把手放在茶杯的把手上。这样对方说到复杂问题的时候，就可以在他结束话题开始提问前，顺势拿起茶杯喝上一口，不为了润喉咙，只为了给自己争取一个厘清思路的时间。这个习惯保持很久了。

靠智慧吃饭的人最危险，因为智慧让人不安。这就好比卖一把锋利的宝剑给别人，人家一边喜欢你的剑，一边会担心你的杀伤力。对你的宝剑越是喜欢，那么对你的担心也就越强烈。所以作为一个卖剑人，需要谨慎出剑，适可而止。甚至有的时候，出剑要出得笨拙粗糙。这一点不可不慎啊。

朱武边听军师的问题，边习惯性地把水杯端起来，在唇边沾了沾，脑子里早有了思路。放下水杯，朱武认真地说："此事小弟也有想过，不过限于浅陋，只能约略地有些见识。说出来请军师指教。"

朱武说的是春秋时代楚国的一段逸事。

当年有一个名士叫作陈子,他在楚国求发展,结果一直不被重用。终于有一天,国君发现了他这个人才,发布命令任命陈子做

动机不高不能做领导

相。陈子兴高采烈地回到家,进门就跟妻子说:这下可好了,国君任命我当相国,咱家的日子可是要好起来了,今后吃饭可以大排酒席,出门也可以坐华丽的马车了。妻子不说话,回到里屋就收拾东西。陈子纳闷,就问:你为什么不高兴反而开始收拾东西呢。妻子说,做一个大国的相,需要上承君主,下理国家,使四方英才甘心效命,各路豪杰心服口服,而你想到的却只是吃吃喝喝、改善自己的待遇,我看这个相国你还是不要做了,否则会有祸事的。于是陈子一家人回老家去种菜了。

领导者的最大挑战就是,在衣食之外,在个人待遇之外,你能不能给众人一个更远大的目标,以及更高的个人形象。如果没有,那么位置越高就越危险。陈子是明智的,他最后放弃了无法承担的任务,从而保全了自己。

统御下属,一定要拿出可以点燃他们内心的火种。没有道,只有情和利是不够的。所以梁山的干部管理工作,还要在收心上多下功夫啊。

听完朱武的想法,吴军师赞许地点着头:"朱兄弟对梁山赤胆忠心,尽心尽力,宋大哥和我都深为赞许,还望兄弟今后对山寨大事

多多出谋划策。"

让聪明下属安心的简单办法，就是在下属提出一个超值建议的时候，首先肯定下属的忠诚，然后再赞赏下属的智慧和眼光。这样大家都会比较舒服。

 对付李逵的技巧

李逵是个鲁莽汉子，发起性子来，除了宋大哥，没人能禁得住。偏偏这次又是对着宋大哥来的，只是担心他闹出大事情来。朱武把这层担心说给吴军师，军师笑了："朱贤弟不必担心，宋大哥自有良策对付这个黑铁牛。"

宋大哥原来已修炼成了对付这"蛮牛"之法，实在是令人佩服。

处理与员工冲突的五招：避牛、圈牛、观牛、牵牛、拴牛

第一招是"避牛"。

大凡鲁莽下属，使起性子来，往往有过激举动。所以最开始的时候，要紧的是先行避让，不与他交锋。有道是"打人无好手，骂人无好口"。一旦交锋，互相造成伤害，即使误会解除了，日后也就不好相见了。而且，当着众人的面与他口角冲突，有损领导形象。因此，这第一招就是"避牛"。他来顶你时，暂避一时，不与他正面交锋，留些时间让双方都冷静下来；同时注意收集信息，搞清楚事情的来龙去脉，做到胸有成竹。这一招正是要领所在，难怪李逵砍旗，宋大哥只叫卢员外出头处理

呢。高明！

第二招是"圈牛"。

为防止事态扩大，一定要在事发的第一时间内，把肇事的"蛮牛"控制起来，使他不能肆无忌惮地继续破坏。一定要当着众人的面，公布这种破坏行为本身对组织的危害，强调制度的威信，以坚决的态度和强硬的言辞表示出处理"蛮牛"的决心和信心。这是立威，震慑"蛮牛"，也震慑众人。

李逵被收监的当日，山寨就召开了头领大会。会上，宋公明哥哥措辞严厉地指出了李逵闹事对梁山制度和威名造成的危害，裴宣宣读了决定，给李逵以最严厉惩罚的意见。山寨内各个小寨都召开会议进行了讨论。从小喽啰到中层干部都深受教育，对李逵的鲁莽行为切齿痛恨。这些情况都由戴宗传达给了被监禁的李逵，山寨上下对李逵的声讨浪潮，让李逵诚惶诚恐起来，为促进他思想转化创造了有利条件。

第三招是"观牛"。

有了前边工作的基础以后，就可以把肇事的"蛮牛"拉出来当面对质了。此时，情况已明、舆论已成、人心已定、威信已立，"蛮牛"的蛮力也已消退，正是当面对质的好时机。

在李逵闹事的第三天，宋头领在聚义厅大聚头领，亲自当面对质。言来语去只几个回合，就把李逵问得哑口无言，垂头丧气。

第四招是"牵牛"。

对付"蛮牛"的目的不是为了杀牛，而是为了促进牛的转化，同时也教育众人。所以在取得了决定性的优势之后，要转变工作方式，把雷霆暴雨式的打击变成和风细雨式的教导，抓住最佳时机达到思想教育的目的。

这一招正是宋大哥最擅长的。为了让李逵心服口服，宋大哥亲自与李逵签了生死状，承诺若是自己真的抢了人家女儿，甘愿受李逵板斧。而且当堂释放李逵，和他一起下山去弄清楚事情真相。经过刘太公和庄上庄客的辨认，宋大哥确实不是作案凶手。辩白了自己的冤屈之后，宋大哥当场没有任何激烈言行，反而和颜悦色地安抚众人，让李逵自己考虑处理结果，然后就回山寨了。这种高姿态让李逵十分惭愧和悔恨。

第五招是"拴牛"。

在真相大白之后，要让"蛮牛"当众承认错误，自己做检讨，根据其表现，决定处罚的轻重。罚要罚在明处，让大家心服口服。如果确有立功悔过表现，可以从轻发落，不过也要讲清楚来由，告知众人下不为例。还要当众立起规矩，今后谁有类似行为，决不留情。把这些都做完了，领导还要进行一次沟通，表白自己的思想，坦诚地与大家交心，告诉大家自己对这件事情的感受，再次证明自己的公正、严谨和无私，以增强信任感。

宋大哥先罚后赏，在李逵把王江、董海两个真凶处决之后，不失时机地宽恕了李逵的死罪，当众强调了李逵的立功表现。李逵自己也表示了痛改前非的决心。会后，宋大哥安排了酒宴，为李逵和燕青合力捉拿真凶庆功。酒席间，宋大哥一番表白，从梁山道义讲到个人理想，从兄弟情感讲到对李逵的爱惜，真是情真意切，听者无不感动。尤其李逵自己，悔恨得像孩子一样呜呜大哭，当场发誓以后再也不闯祸了。

就这样，宋大哥靠着高超的统御技巧，三招五式就成功地把危机转化成了机会。

李逵在鲁莽之后怎么办

李逵与宋大哥闹纠纷一事，表现最好的是浪子燕青。

李逵闯祸之后，宋大哥一直让燕青看着李逵。也亏得燕青是个机灵的人，居然把个黑煞星管得服服帖帖的。事后朱武问燕青用的是什么办法，燕青对朱武说："其实办法很简单，对付李逵，要让他服气，就两条。一个是打，打败了他他就肯服气，打怕了他他就听你的，我这身摔跤的功夫在李逵身上可是有了大用场；另一个是诚，推心置腹地和他做朋友，直来直去，有什么说什么，有酒肉一块儿吃，有银子一起花，坏了就骂，好了就夸，困难的时候互相帮助，烦闷的时候互相承担。这就行了。"

朱武不由得心中赞叹，燕青真是个有智慧的人物啊。

说到这儿，还要补上几句：李逵在闯祸以后，还演了一出"负荆请罪"的好戏。这出好戏的导演不是别人，正是燕青。

当时在刘太公庄上，元凶正法，真相大白，李逵觉得没有脸面再回梁山了，回去也是要被宋大哥军法从事，不如自己了断。

燕青劝李逵说："铁牛兄弟，宋大哥怎么忍心杀你呢，只管放心吧。"

李逵说："怎么不会，我坏了他的事，砍了杏黄旗，还要跟他动武，他早恨透了我，光当众说要杀我的头就说了好几次了。我还是自己割下这个黑脑袋给他解恨吧。"

燕青眨巴着眼睛跟李逵说："铁牛兄弟，这个你就不懂了，我来帮你分析一下。宋大哥说要杀你的头，我记得他前后说过两次，一次是你砍旗子的当天，第二次是你和他当堂对质的那天。这两次他说要杀你都是有来由的。头一次，你砍了杏黄旗，犯了山寨大忌，宋大哥当然要说狠话、使威风，这叫作立威，为的是给众人一个榜样，否则大家不高兴了都来砍旗子，那还了得。第二次对质的时候说要杀你，那是为了告诉大家，他没有偏袒你，不管是他，还是你李逵，谁犯了梁山的军法都要受惩罚，这是要让大家心服口服，这叫作服众。"

李逵憨憨地摇头："什么又是立威又是服众的，最后总之是拿俺的黑脑袋解恨罢了。"

燕青摆摆手，说："铁牛你想想，他要是真杀你，还用这么费事，吩咐小喽啰推出去不就把你斩了。偏偏他只是口上说杀杀杀，却从来没有真下命令要杀。这就是在拿言语让大家信服，给你准备退路。你想你闯了祸，宋大哥不和你计较，但是山寨那么多人都看着呢，下次他们也学你这般撒泼如何是好。宋大哥是要先让众人有了规矩，明白了利害，然后才能饶你啊。"

李逵拍拍大脑袋，笑呵呵地说："我说嘛，宋大哥不会舍得杀我的。还是小乙哥聪明。"

燕青却说："你先别美，这番回到山寨，宋大哥一定会第三次要杀你的。"

李逵一愣，说："不是说不杀了吗，我都糊涂了。"

燕青笑了，说："这次也不是真杀，是吓唬吓唬你给别人看。"

李逵嘟囔着："这都快成唱戏了。反正宋大哥要唱戏，我陪他唱就是了。小乙哥哥你说俺铁牛该怎么办吧？"

燕青就把一个妙计讲了出来。

这次回山寨，一定会有第三次要杀李逵的局面。三杀李逵同样不是真杀，目的在于收心。杀是一个引子，为的是促李逵表态，让李逵服软，承认错误，从而为整个危机画上圆满的句号。李逵由于自己的鲁莽直接导致了这次和宋大哥的冲突，最后应该怎么收场呢？

全在这三杀的应对上。具体的方法如下。

得罪领导后的化解方法

（1）勇于承担责任，要求组织处理。

要把事情的危害讲充分，这代表着个人的认识提高了。对于后果，要勇于承担责任，主动要求组织处分自己，特别要谈到自己此次鲁莽树立了一个坏典型，以后若有人效仿自己，对山寨的不良影响可就大了，所以甘愿接受重罚。

（2）丢掉面子，主动揭露自己。

要表现出彻底悔恨的样子，不但为自己违反山规悔恨，更要为自己怀疑宋大哥而悔恨。不要怕丢面子，把自己在这次事件中想出风头、逞英雄的心理全揭露出来。而且要讲自己这几天的思想是怎么转变的，联系平时再讲一讲自己平时的弱点，特别是要回忆自闹江州以来宋大哥和诸位兄弟对自己的关怀和帮助，用具体的例子说明自己的懊悔和痛改前非的决心。

（3）请中间人化解矛盾，为自己求情。

这个中间人最合适的人选，一个是戴宗，一个是吴用。通过他们两个，在正式和非正式的场合给宋大哥带去自己的歉意，做一些调解工作，同时也求得众家弟兄的谅解。把一些自己碍于情面不能说、不便说的话，通过调解者之口尽量都说出来。

（4）把握火候，在公开场合向领导道歉。

一定要选择众人在场、宋大哥情绪很好的时候，真诚地向宋大哥道歉，请求他原谅，讲清楚自己不求他减少处罚，只求他原谅自己。让大家作证，表示自己一定痛改前非，同时也清楚地表示出宋大哥的原谅对自己的重要，希望宋大哥和众家弟兄以后严格要求自

己,帮自己进步。

(5)放下包袱,以新的姿态投入工作当中。

冲突之后,作为下属言行上不计较、不扩散,精神状态上不萎靡、不失落,在工作中一如既往,对宋大哥的感情也一如既往,该汇报仍汇报,该请示仍请示,就像没发生过任何事情一样。这样时间一长,以前的不快就会自然淡化,冲突所造成的副作用也就会逐步消失。

根据以上五个技巧,燕青为李逵设计了一个请罪的仪式——仿照古代廉颇向蔺相如负荆请罪的故事,李逵也脱光了脊梁,把自己捆起来,背着一根荆条,到聚义厅前请罪。

这实在是个高明的办法。李逵是个憨直没脑子的,请罪的憨傻举动再次向众人传达了这个信息,为大家原谅他奠定了基础。加上此举在李逵身上使用既有滑稽效果,又不失真诚,大家哄堂一笑,气氛自然变得轻松快活,这样也就很容易原谅他了。宋大哥本来就是不想杀李逵的,有了这些铺垫,正好下台阶,最后落个皆大欢喜的局面了事。

燕青为李逵出的点子正合古人说的:"智者求情以诚,愚者求情以憨。"实施起来果然见效,一场紧张的上下级冲突就这样圆满地得到了解决。朱武自己常常感叹,做人真的要做智者啊,进可以帮助别人,退可以自我保全,达可以兼济天下,穷可以独善其身。

李逵事件平息之后的第二天,因为杏黄旗被李逵砍倒了,为重新修缮的事情,朱武去找李应和侯健商量细节。路上看见山前演武场上有两个人在比武。

走上前一看,原来是飞天大圣李衮在挑战没羽箭张清。两个人在比暗器功夫,已经赌了两场都不分胜败。因为一开始李衮口气很大，在这当口，就有一些张清手下的小喽啰在那里起哄。李衮红了眼，甩掉了上衣，露出一身横肉，翻着眼睛问张清："小白脸，你敢赌命吗？"

此话一出，大家知道事情闹大了，李衮要火并张清！欲知后事如何，且看下回"花荣养花"。

本回提要：

如何评先进、迅速化解员工闹事危机的策略、如何融入新团队、受了委屈之后的策略

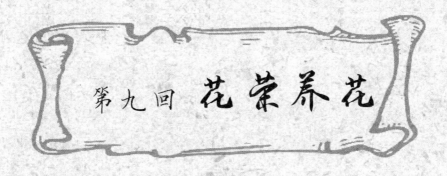

第九回 花荣养花

上回说到飞天大圣李衮挑战没羽箭张清，两人赌了两场不分胜败。李衮红了眼，这第三场竟是要赌命的，张清年轻气盛，也不肯退让。两个人约定各自站在50步开外，互发飞刀飞石，先中者为败，生死不论。

看热闹的众人见要出大事情，就来飞报宋头领。宋头领、吴军师带领众人急急忙忙赶到出事现场。李衮块头大，嗓门很响，远远就听见他高一声低一声地怪叫。张清腼腆，长身玉立、眉清目秀，平时人缘也好，众人都替张清帮腔。朱武初上梁山的时候和李衮、项充动过刀枪，亲眼见着自己在少华山最得意的两个中军小校丧在李衮刀下。对这个粗人的印象本来就打了折扣，眼下见他这般张狂，心中确实气愤不过。

吴军师见场面紧张，就给身边的花荣丢了个眼色。花荣心领神会，高叫了一声"慢来！"拨开众人走到李、张二人眼前。

李衮撇撇嘴，说："莫说小李广，就是真李广我也不惧。我和张清的事与你不相干，休管闲事！"

花荣并不计较，笑呵呵地摘下弓箭，回头指点着李衮和张清说："二位贤弟要比本事，这个好说，梁山是英雄聚义之地，有本领的就要显出来让人心服！"说着话，突然回头一箭射向挂在辕门外的红灯笼，箭到绳断，一串灯笼飘摇着落下来，引得周围欢声雷动。花荣指着另一侧的红灯笑道："二位兄弟能射下这串的就是真好汉！"李衮不屑地说："这有何难。"说着取一把飞刀，使一招犀牛望月奔那灯笼射去。众人谁也没有料到花荣早搭箭在手，见李衮飞刀出手，花荣对着飞刀就是一箭，只听"当"的一声，飞刀竟被射落尘埃。众人痴愣了片刻，又爆发出一片欢声！

小将张清当胸抱拳，说："花大哥好箭法，小弟甘败。"

李衮看看自己那把飞刀，又看看大家，也低下了头。

宋大哥哈哈笑着走进人圈，说："三位兄弟各个都是好本事。

走,跟大哥到山前喝酒去!"

人说花荣的箭法是有秘诀的,可惜花家箭法这样精妙却从来没有在梁山传播。

 花荣没当上五虎将

离公布座次的时间越来越近了。大家都好期待。

在这种期待中,山寨迎来了第一轮评选,选的是五虎上将。

那天下午投票之后,杨春和陈达两个不约而同地来到朱武的小寨。

朱武知道他们是来议论五虎将人选的。没等二人开口,朱武就扯了三张纸,在每个人桌前放了一张,然后说:"大家各自把自己的人选写上,然后凑齐了看看是不是一样。"

陈达、杨春齐声说好。

陈达写的是:第一,河北玉麒麟卢俊义;

第二,豹子头林冲;

第三,大刀关胜;

第四,小李广花荣;

第五,霹雳火秦明。

再看杨春写的,与陈达有所不同:

第一,玉麒麟卢俊义;

第二,豹子头林冲;

第三,小李广花荣;

第四,大刀关胜;

第五,双鞭呼延灼。

陈、杨二人亮出了自己的底细,然后都来看朱武手上的白纸。朱武展开给他们看,那其实是一张白纸,朱武什么也没有写。

两人纳闷地看着朱武，朱武就把其中的来由说给他们。

评选先进的条件

这五虎大将选的不光是本领，还有名望、资历、身份。

梁山有七绝，就是"卢员外的枪、吴军师的谋、花荣的箭、公孙先生的法、戴宗的腿、萧让的字、石迁的偷"。其中涉及武艺的有两个人，一个是卢员外，一个是小李广，可偏偏就是这两个人不能进五虎将。

卢员外不能进，是因为他身居二头领之位，身份名望实际上已在五虎将名头之上，选卢员外是典型的屈尊。这好比天下打下来了，大将个个要封赏，唯独一个人不必封赏，那就是皇帝自己，因为全天下都是他的，所有功劳也都是他的，他不需要别人的肯定，而是要肯定别人。所以，智慧的领导从来不和部下争荣誉。和下属争荣誉是自轻。这是卢员外不能封的道理。

"那花荣呢？为什么他不能当五虎将？"陈达追问道。

花荣当然是够资格当五虎将的，资历足够、名望也够，可问题就出在他的本事上。

杨春笑了，说："军师难道小看花将军的箭法不成？"

朱武摇摇头。朱武当然不怀疑花荣的箭法。为什么说花荣的问题出在本事上呢？原因在于梁山泊好习射箭的人太少，擅长射箭的人更少，只有燕青和花荣，燕青还是步下将。一种本事，只有普及了，那佼佼者才能真正被认可。

试想，大家会不会认可这样的一个人，这个人所擅长的东西其他人一无所知。答案当然是否定的。因为人们对这个人的认可本身就是对自己的否定，认可越多否定越大。一群对自己前途充满期待的人怎么可能否定自己呢？因此他们又怎么可能会去认可这样的一个人呢？

林冲的枪法大家推崇，因为林冲是教头，上了梁山后也天天在教人学枪练枪，于是林家枪广泛传播，人人会一点。这时候他们当然要选林冲，林冲当了五虎将，稍微会一点儿林家枪的人都自豪，都以此为荣。

花荣就缺这个，他太不善于传播自己的特长。一个有特殊本事的人，要想获得自己应该有的位置，一定要善于推广自己的特长，让人人都会、人人都感兴趣、人人又达不到。这样的人才能凭借自己的独特才华走上事业的巅峰。

花荣优秀，优秀得太孤独了，没有追随者，所以大家不会选他。

试想一群家鸭选冠军，一定要看游泳的本事，谁会在乎哪个鸭子会飞，即使它真的会飞也一样被淘汰。

选五虎将，选的是社会的公众认可，本领是门槛，是必要条件，但威名和声望才是关键的成功因素。

选关胜，是因为关胜是威镇华夏的关老爷后人，武圣之后，五虎将排名能把他排在前边，无疑增加了这份排名的分量和名头。

选林冲一方面因为大家认可，同时还因为他对梁山有贡献。

选呼延灼，是因为呼延将军是王爵，世代忠良、地位尊贵。

在关、林、呼延之后，要选的是霹雳火、双枪将或者金枪手三个人。

梁山最传统、最普及的武艺就是枪和棒。所以，大家选出的领军人物一定是枪棒中人，这是大家的必然选择。正符合了前边讲到的人人都要肯定自己，给自己出路的原理。

从这三个人的情况看，在以上条件的基础上，秦明名气最大，当然当选。徐、董二人，本事不相上下。董平结交更广，名气稍大些,所以胜面也稍大。

因此五虎将一定是这样排列的——

关胜:

名气五星　★★★★★

武艺四星半★★★★✓

人望四星半★★★★✓

林冲:

名气四星半★★★★✓

武艺四星半★★★★✓

人望四星半★★★★✓

呼延灼:

名气四星半★★★★✓

武艺四星　★★★★

人望四星　★★★★

秦明:

名气四星　★★★★

武艺四星　★★★★

人望三星半★★★✓

董平:

名气四星　★★★★

武艺四星　★★★★

人望三星半★★★✓

陈达问:"既然大哥有这样的想法,为什么不写出来告诉宋头领,反倒要弃权呢?"

朱武笑呵呵地说:"我只是随便说说而已,来,喝酒!"

他们哪里明白,这五虎将是梁山的招牌,一定是决策层最终拍板来定的。在领导没形成方案或意见之前就提主张,这叫作干扰决策；在领导形成意见之后提主张，这才叫出谋划策。

酒喝得很尽兴，散席的时候陈达、杨春两个人都有了醉意，朱武亲自把二人送到门口。夜已经深了，满天的星斗，远处是巡逻小船的点点灯火，脚边草丛里高一声低一声全是小虫子的叫声。朱武目送陈、杨二人走远，夜风中传来杨春带着醉意的一句话："陈大哥，我要是花荣，一定开个射箭学校。"

朱武在黑暗中笑了。

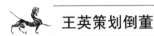

王英策划倒董

第二天张榜的时候，朱武没有去，最终评选结果和朱武想的完全一样。朱武对宋头领、吴军师的智谋有充分的信心。

朱武正在屋中养闲读书，门外来了不速之客，却是活闪婆王定六。平日里他很少登朱武的门，朱武不由心中纳闷。王定六带来了消息，说是史大郎九纹龙史进有事请朱武。

朱武斟酌着，史家兄弟这当口找他什么事情呢？

最近史大郎一直在养病，上次攻打东昌府的时候，他身陷大牢，遭了大刑，双腿旧伤这阵子又发作了。想到这一层，朱武忽然明白了，史大郎挨打的根子在董平那里，如今董平身列五虎将最后一名，莫非他史进要出面阻止？再看看眼前的王定六，朱武更加确信自己的判断，这个王定六也是打东昌的时候前去下书被董平暴打过的。

朱武不动声色地问王定六："史大郎还请了些什么人？"

王定六掰着手指头给朱武一一数了出来：跳涧虎陈达、白花蛇杨春、锦毛虎燕顺、矮脚虎王英、白面郎君郑天寿。

一听这个名单朱武心里更明白了。前几个人是对董平有意见的，后几个是跟花荣相好的，这些人凑在一起，明摆着是要打击董平，为花荣叫屈。

这个事情非同小可，梁山正面临着排座次的大事，大事未定，先在这枝节上闹出乱子，这对于山寨可是大为不利。朱武心中虽急，脸上还是平静的："定六兄弟，你先回去，就说我一会儿就到，让史大郎、燕顺他们千万等我。"

打发走了王定六，朱武开始盘算事情的处理方法。史进这个人他是了解的，性子耿直脾气急，为人却是很忠厚，城府不深，他自己是不会因为这点伤的原因就反董平做五虎将的。要害还在燕顺、王英等人身上，他们是为花荣未当五虎将抱不平，寻了董平的不是，来挑起事端。史进、王定六等人都是当枪使的。可恨的是陈达、杨春两个不知趣的，前日朱武把五虎将的根底都和他们交代清楚了，两个人还是要搅进来。

不过转念一想，他们搅进来完全是为着对史大郎的义气。这也是两个血性汉子，义字当先啊。

想到这儿，朱武基本已经把来龙去脉看清楚了——当初清风寨搭救宋大哥一起上山的诸兄弟们和花荣义气深厚，看着花荣没有入五虎将，董平这个资历浅、后上山的却入了，心中不平，于是就想联合在董平身上吃过亏的史进，进而联合当初少华山的几个兄弟，大家一起出面倒董。

这一干人里，憨直人居多，要说能有心机的人，那非王英莫属。这个矮脚虎心眼多，而且跟宋大哥关系亲密，遇事敢出头，十有八九这次就是他的主谋。

这个事情如何化解呢？当然是不能报到宋头领那里的。事情闹大了对各方都没有好处。最好的办法就是大事化小，小事化了，把问题消散于无形。

朱武决定一个人解决这件事。虽然很有挑战性，不过朱武还是比较有把握的。而且为了这班兄弟的前途，为了梁山的稳定，也不容朱武回避。

朱武的策略很简单：一是稳住董平，不能让董平闹起来，否则事情就压不住了。二是请出花荣，一干人要闹事，根本的一条是要为花荣叫屈。解铃还需系铃人，只要花荣出面化解，众人也就没有什么好闹的了。三是分化王英，他是关键人物，只要他不再挑事端，燕顺他们也就不会闹。史进、陈达几个都是朱武的好弟兄，朱武晓以道理，相信还是可以把他们说服的。

主意已定，朱武马上行动，首先是去找花荣。

花荣见朱武来访，诧异得很。朱武也不多寒暄，单刀直入地问："花将军此番未入五虎将，不知是否要反出山寨呢？"

花荣听朱武这么说，不禁大惊失色："朱军师何出此言，花某对梁山忠心不二，岂能贪这粪土名利，做出不忠不义的龌龊勾当！"

朱武压低声音说："花将军有所不知，古人道'树欲静而风不止'，将军自己坦荡，可是将军却不知道眼下有人要置将军于不忠不义之地呀！"

花荣撩衣服跪倒："花某声名性命全靠朱军师保全，还望军师明言。"

朱武连忙扶他起身，然后就简要地把王英、燕顺等人的意图给花荣讲了一遍。

花荣听罢一拍大腿："王英糊涂，我花某上梁山岂是为了这区区一个虚名？"

朱武趁热打铁，接道："花将军，我有化解此事的妙计。"

花荣喜道："还请朱大哥赐教。"

朱武说："我有三计，一是扬汤止沸之计，安抚董平，不使事情闹大；二是解铃系铃之计，花将军亲自出面

迅速化解危机的三计

说服燕顺一千人等；三是釜底抽薪之计，我去找一丈青，那王英最是惧内的，让扈三娘对他晓以利害。有此三计，保管风平浪静。"

花荣满脸喜悦，起身就要换衣服。朱武拦住他问道："将军何处去？"

花荣说："按朱军师的计策，去史大郎那里说服众人呀！"

朱武一把拉他坐下，说："将军差矣，不可前去。"花荣迷惑地看着朱武。朱武笑笑说："这一策叫请虎上门。将军要在家中安坐，把王英、燕顺、郑天寿请来你家叙话。一来可以做出不装心事的样子给他们看，让他们兄弟知道你花某并不把虚名放在心上。二来可以分化闹事的众人。史大郎卧病，不能前来；陈达、杨春等与此事干系浅，史进不能来，他们也不好前来。这样正好可以分而治之啊！"

"妙！"花荣赞道，"军师此计甚好，但不知我如何做一个悠闲的样子给他们看呢？"

朱武牵牵他的衣襟，指指窗外说："前时宋大哥不是得了一些稀罕花木，赠了你一些。你就摆出一副兴趣盎然的样子带几个小喽啰一起在园子里种花。一来要众人不忘宋大哥情义；二来也显示你的悠闲无事。岂不是一举两得。"

花荣不住点头："高见，高见，花某领教了，领教了。"

董平的烦恼

辞别花荣，朱武就来找董平。

董平因是新上山的头领，住的是新建的宅子，离山寨中心比较远。朱武边走边问路，终于找到了董平家。

原来董平家里也很热闹，和董平一道上山的中箭虎丁得孙正在那里大放厥词,一边的花项虎龚旺不停地帮腔。董平自己在一边低头不语。

朱武暗自庆幸,幸亏自己来得及时,迟些恐怕两方面的人真的要闹出大事了。朱武编了一个理由,低声对董平说:"宋头领和吴军师派我来,有紧要事情和将军密谈。"董平很识趣地站起来,劝说丁、龚二人离开。两个人哪里肯走,犹自在那里愤愤不平、喋喋不休,被董平连拉带拽终于送出了门。

送走了两个人,董平和朱武进了后堂小书房,屏退了左右小喽啰,董平急切地问:"不知宋大哥、吴军师有何指教?"

朱武笑了,说:"将军休急,宋大哥、吴军师并无差遣。朱某此番前来,是专为将军治心病的。"

董平一屁股坐在椅子上,长叹一声说:"朱兄都看见了,这个五虎将真是把董某放到刀尖火口上了,小可正要去跟宋大哥请辞呢。"

朱武把手一摆:"将军差矣,若是真的请辞,那才是把自己放在刀尖火口上呢!"

"哦?"董平一愣,追问道:"还请朱兄明示。"

于是朱武就把局面给他解释了一番:

"梁山五虎将,选的不光是武艺,还有声威和人气。你董平在山东、河北两地,广交各路豪强,声名远扬,这份人望对梁山发展极其有利。宋大哥他们选你做五虎大将,一方面是钟爱你的武艺;另一方面更是爱你的威名,希望这份名气能对梁山发挥更大作用。

"眼前你若是执意不当五虎将,一方面让宋大哥面子上很难堪;另一方面也把矛盾表面化了,等于点着了火药筒,好端端一个和睦梁山就真的要坏在你董平手里了。这是万万不可的。"

"可是众家兄弟不服,都为花荣将军叫屈,我实在不知如何是好!"

朱武喝了半口茶，清清有点干涩的嗓子，然后轻松地说："此事容易，小可不才，已经为将军想出了锦囊妙计。"董平像见了救星一样眼睛都亮了，一下站起来插手施礼："小将愿听兄长教诲。"

其实，董平遇到的问题是很常见的。一个有才华的人加盟一个新团队，团队领导很认同，社会上也有广泛的认可，但是团队内部成员由于不了解，所以往往会产生排挤、抵触行为。这个时候的行动要领有三个。

融入新团队的要领：顺、忍、和

一个是"顺"字当先。坚决服从领导安排，领导的认可是立身的根基，只要认认真真完成领导交办的任务，别人就很难公开反对你，因为反对你就变成了反对领导。

一个是"忍"字当头。不把矛盾激化，面对周围人的冷言冷语甚至小动作，不公开、不回应、不传播、不介入，兢兢业业做好自己的工作，任凭风浪起，稳坐钓鱼船。这种高姿态能够博得领导的信任和群众的支持。

一个是"和"字引路。加快融入团队的进程，迅速变成"自己人"。要交新朋友，在新团队中尽快找一两个可以很好交流的新朋友，扎下根基，通过个别人的认可逐步获得整个团队的认可。要注意行为策略，做到大事显本事，小事树形象。平时的细小工作，认认真真去完成，表现出良好的工作态度，一旦有了大事情，抓住机会展示自己的能力，让别人心服口服。还要谦虚谨慎，多办事，少张扬，自己只管埋头苦干，行动是最好的宣传；同时注意观察周围人的行为风格，尽量使自己的行为风格与团队的风格保持一致，不搞特殊化，在众人心中建立良好形象。

一般来说，适应新的环境通常需要三个月的融入期，这是关键的三个月，这期间注意言行，给别人留下一个好的印象，以后的路就会越走越宽。

董平非要留朱武喝酒不可，朱武摇摇头，说："董将军的酒是要喝的，不过不是今天，改日你约上几个人，大家一起痛饮几杯吧。"

临别的时候，朱武嘱咐他："你这个宅子离山寨太远了，一定要腿勤，多和大家来往；另外，在路上做几个路标吧，这样人家来找你喝酒也方便。这种小节对你日后发展非常有帮助。"

董平感激地点点头，一直目送朱武转过山角上了大路。

回到住处真的有点儿累了，朱武和衣小睡了一会儿。傍晚的时候，花荣贴身的亲兵来请朱武。朱武早料到了，对那小校说："事不宜迟，你可速速去请花将军来朱武寨中，朱武有要紧事说。"

小校打马而去，不一会儿花荣就到了。花荣依旧是一身素袍，不过神色却没有平日里精神，显然是心里受了打击。

朱武主动让座，倒茶，然后屏退了左右。房间里只剩了他们两个人的时候，小李广深深叹了口气："唉，朱大哥想必知道小弟此刻心绪吧。"

朱武点点头，说："花将军自己受了委屈，还要装作满不在乎的样子，这实在是不容易。将军能为山寨大局考虑放弃个人荣辱，真是令人钦佩啊。"

花荣苦笑着喝了半口茶，沉吟了一下，忽然抬头问朱武："花某想请教先生，此时找宋大哥可否合适？"

朱武说："找是可以找，就要看说什么。"

花荣接道："朱先生意见是怎么说呢？"

朱武向花荣说出了自己早想好的意见：

"这个时候想改变局势,可能性很小。不过找一找领导还是必要的。

受委屈后怎么做

"受了委屈要喊疼,喊了疼让人家都知道你受委屈了,然后再自己默默地忍下来,这样不但获得了大家的同情和支持,也向领导展示了自己的忠诚。受了委屈就扛着,而且表现如常,这样并不好。首先,会让别人觉得你不在乎领导,不在乎组织给你的认可,有轻视上级的嫌疑;其次,让人觉得或许你真的不够资格,自己心虚;最后,让人觉得你不真诚,明明受了委屈,还在那里笑呵呵地什么也不说,够有心计的。要知道历来城府过深的人都会给领导压力感和威胁感的,受了委屈还落这么个印象实在像鸡飞蛋打!所以一定要喊疼,一定要给宋头领倒倒心里装的委屈。

"说是该说,但是说到什么程度,这个分寸的把握却十分重要,否则画虎不成反类犬!

"目前的情况是人选已经不能改变了,但是谈的空间还很大。和宋头领谈的时候一个基本的态度就是'表示忠诚,不求改变,但求改善'。

"可以把宋大哥请到府中,不谈待遇的事情,只说是宋大哥前些时候送的那些名贵花木都种好了,请他来观赏。他来了以后,也不要谈个人的事情,而是对他长期以来的关怀给予感谢。多叙叙旧情,讲讲当年清风寨一起出生入死的往事。

"到这个程度基本上就已经把铺垫做足了。下边你就静等宋大哥安排就是了。相信他一定会给你一个满意的答复。"

花荣是聪明人，一点就透。几句话已经使他茅塞顿开。

第二天，宋头领果然亲自到他门上去看花了。隔了两日，朱武在山寨遇到了主管中军文书事务的圣手书生萧让，这可是一个知道消息的角色，朱武就向他打听花荣的人事安排。萧让说："不瞒朱大哥，此事已定了，但是目前还不宜公开，只是瞒得别人，却是不瞒朱大哥的。"

朱武见他卖关子给自己，就接着话茬说："那就请贤弟告诉为兄吧。"

萧让说："我正有一事相求呢，不知道朱大哥肯不肯帮忙？"

朱武当即应承道："用得着我的地方一定尽力。"

萧让见朱武如此爽快，不禁满面喜色。他神秘地从抽屉里拿出一个小纸卷，从中抽出一张交给朱武，朱武展开，只见上边写道："小李广花荣，位列八彪将之首。备注：职务中军主将，列秦明之前；座次第九名，列董平之前。"

朱武点点头，把纸条交还他。萧让约朱武明天相见，说是有要事商量，朱武点头应允。

欲知后事如何，且看下回"萧让借调"。

第九回 花荣养花

本回提要：

领导行为技巧、新官上任谋略、如何避免被人忌妒、与人拉近距离的方法、如何请上级吃饭

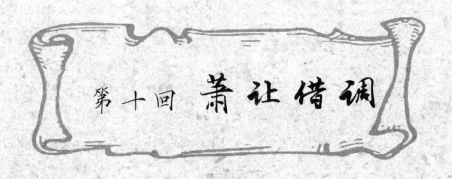

第十回 萧让借锏

上回说的是圣手书生萧让请朱武商议事情。第二天，朱武欣然前往。

梁山是一个很美丽的地方，深秋时节，八百里水泊枫叶荻花秋瑟瑟。

在梁山这里，谈论枪棒，你可以找到很多聊友；若是共赏美景、谈论诗文，那恐怕只有一个人能解此风雅了，他就是圣手书生萧让。

朱武让小厮提了食盒，带了四样素雅的小菜和一坛好酒来找萧让。

朱武其实很了解他的心情。108 位英雄马上就要排座次了，萧让自己还在为去留问题烦恼。萧让是那种一谈起自己的待遇问题首先就气短的知识分子。所以朱武也不着急切入正题，只是一边劝酒一边让小厮把船划得远一些再远一些，一直划到芦苇荡里，划进水泊深处。

萧让问朱武："朱大哥，和众兄弟在一起，不知道为什么，总被人家觉得清高，其实我也不是清高自傲，只是比较喜欢清净，不爱凑热闹而已。我不想被大家疏远，可是又不愿意改变自己的性格。这该如何是好呢？"

其实，萧让遇到的问题也是不少读书人会遇到的。读书人习惯君子之交淡如水，不爱应酬，凡事有自己的主见，不合群。这样时间一长难免会被大家疏远。怎样避免呢？朱武给萧让出了两个点子。

与别人拉近距离的方法：热情但不主动、小事情上示弱于人

一叫作热情但不主动。平时可以不参加应酬，就一个人待着，保持自己的个人空间，但是凡有人家来求你帮忙，找你谈事情，无论

大小，一定要积极热情。这样，时间长了别人亲身感受加上口耳相传，大家就会理解你的习惯、了解你的真诚。即使不了解情况的人说三道四，那些真的接触过你的人也会对你有个公道的评价。热情但不主动，既树立了形象又不耽误时间。

二叫作小事情上示弱于人。人和人的正常交往，最亲切自然的莫过于互相有个照应和帮助。太强大了，显得处处比别人强，什么事情都可以自己摆平，这样的人大家肯定不会接近的。所以这个策略的诀窍就是在无关紧要的小事情上要有求于人，比如说借用一个常用的东西，询问一个可靠的消息什么的。甚至本来自己已经具备的，根本不用求人，也要故意求一下，这样做的价值在于促进交往，表现出你对对方的关注和认可。而且因为是小事情，人家举手之劳，所以也不会添太多麻烦出来。小事情上示弱，既增进交往又不增加别人的负担。

萧让听了，不由抚掌一笑。

一群水鸟被小船惊起，拍打着翅膀扑棱棱飞上天。

萧让仰起脸，注视着天空，目送水鸟消失在视线外，口中轻轻地吟道："飘飘何所似，天地一沙鸥。"

"萧兄弟，"朱武笑着给他斟满酒，"你现在可不是天地一沙鸥呀，梁山100多条好汉个个都是你的好兄弟，你可是虎入深山龙归大海……"

萧让的烦恼，在于他是个书生而不是好汉。他是梁山108个人里仅有的一个不会武艺只会读书写诗的人。认识萧让的第一天起，就觉得他确实和梁山刀头舔血、打家劫舍、大碗吃酒、大块吃肉的风格相差太远了。除了吟诗和写字，他什么也不会，这样一个文弱书生如何在梁山立足呢？

萧让确实需要认真地考虑一下自己的未来。同时要考虑萧让未来的还有另外一个人,就是大头领宋江。安排 108 条好汉的排位,主要考虑的不外乎四个因素:个人的本领、对梁山的贡献、在江湖上的名气、基本的人际关系。这四个方面萧让完全没有优势。没有武艺,没有重大贡献,江湖上名气一般,之前没有参加过任何山头。

不过朱武个人认为,梁山应该给萧让一个好的安排。梁山本身武力有余而文采不足,萧让的加入对于梁山的持续发展意义非同一般。不过如何让萧让留下来呢?待遇留人是个关键。这份待遇怎么来,是朱武一直在考虑的。在想了几天之后朱武终于有了一个比较周全的想法。

酒已经喝了不少,萧让白皙的面孔有些发红了。朱武看火候已经差不多了,就拿出早预备好的那几个扇面放在桌子上。

"萧兄弟啊,这是你的前程,朱武放在这里了。"

萧让迷惑地看着朱武,说:"大哥,这是几把扇子啊,怎么说是我的前程呢?"

朱武笑了,说:"萧兄弟,你现在的心情我最了解,用一句话说,就是进退两难。留下来吧,觉得没有自己的位置;离开吧,觉得没有前途。"萧让自我解嘲地笑了,"朱大哥真的很了解小弟啊。"

"关于你在梁山的位置,其实已经定下了,我们要做的事情只是尽早促成而已。"

"哦?为什么说定下了呢?"萧让看着朱武。

"此事我已经为你规划好了。后天当朝太尉宿元景来梁山劳军,你只需把这几个扇面写好,当面交给他,就一切妥当。"

与宿太尉吃饭

朱武知道这个宿太尉十分了得,不但在朝廷激烈的派系斗争中屹立不倒,而且圣眷日隆。此次来梁山更是肩负着干部考察的重任,对梁山的领导班子进行全面的考察，对梁山队伍建设情况进行摸底。

朱贵是个极精细的人，宿太尉来的当天就和朱贵有了深交。

安排饭菜的时候，管招待的朱富让手下人给宿太尉的随从们上了七碟八碗，清蒸、红烧、干煸、白灼各色佳肴，而给太尉本人只上了几样地方特色小菜品。朱贵亲自看了菜单，就过厨房来找朱富，朱富自有道理："宿太尉位高权重见多识广，安排些个俗腻菜品必定不受欢迎，自然要选精致可口有特色的安排一些。正所谓给排场人吃一般饭菜，给一般人吃排场饭菜。"

朱贵摇摇头，拉了把椅子让哥哥坐下，然后说："大哥，若论吃饭，当然是你说得有道理。但是你可知，此番宿元景来梁山，乃是皇

上级吃饭有口味
饭和面子饭之别

帝钦差，如天子亲临。这在梁山的第一顿饭菜，吃的不是口味，更不是温饱，吃的乃是面子。哥哥请想，若是按照眼下这般安排，他心中如何想法暂且不论，叫周遭看客如何感受？若是周围人等觉得太尉失了面子，他自己又当如何感觉……所以这顿饭极重要，要害在于太尉这顿吃食不是吃给太尉他自己的，而是吃给别人看的，所以一定要风光，要好看，要排场。至于口味倒是其次。"

一席话说得朱富连连点头，忙不迭地安排周遭人等重新布置。

朱贵自己则收拾了先前已经备好的几样菜品，用两个食盒装了，并一瓶上好花雕酒，打发个小厮一个担子担了直往山前草亭。朱富笑道："兄弟若是有胃口，不如哥哥再弄一些直接送到后寨你宅子里。"

朱贵也笑了,说:"哥哥又不晓得奥妙了,这些个吃食还是备着给贵客……"

欢迎的宴会热闹而紧凑,月亮上来的时候正好结束。一路的舟车劳顿加上大半日的应酬,让上了些年纪的宿太尉真的有些乏了。回到寓所,换了便装,斜靠在太师椅上,双目微闭调息养神,无奈心却是静不下来,坐了一会儿便又无聊地站起来,从屋中踱到院子里。

迎面见随行的提辖官走上来插手施礼,说:"启禀太尉,梁山头领朱贵求见。"

宿元景的心动了一下:白天倒是见过了若干头领,其中有些来头、有些名望的,确乎记住了十几个,但是这位什么朱头领真是丝毫印象也未曾留得。他边疑惑着边整整衣冠道了一声:"有请!"

朱贵笑呵呵地走了进来。宿太尉一见立刻认了出来,这位朱头领原来就是给自己安排食宿的那位啊。

"给太尉请安!"朱贵特自然地道了个安。看着朱贵笑呵呵的眉眼,宿元景的心松了下来,知道没有紧要事,便一侧身道:"朱头领请屋中讲话。"

朱贵落了座,让了茶,话锋一转用商量的口气说道:"太尉想是劳乏了,白天的应酬确实烦琐,饮食也端得乏味,小可特意安排了一个小小的席面,请了四位雅友,今夜月色正好,想陪太尉消遣消遣,不知肯赏光否?"

"哦,不知道是哪四位雅友呢?"

"这四个人一位是文章书法名冠一时的圣手书生萧让,一位是谋略过人堪比诸葛的神机军师朱武,一位是通晓五行阴阳的神算子蒋敬,还有一位是通晓音律机敏过人的铁叫子乐和。"

"好,好。"本来宿元景已经倦了应酬,想找个理由推托了事,倒是朱贵信口说出的这四个人物让他心头一亮,忍不住想见识一下。

草亭面对着浩浩的水泊，银白的月色无遮无拦地铺洒在水面上，偶尔有巡哨的小舟划过，晃动的灯火忽明忽暗，宛若萤火虫，一转眼消失在初秋的夜色里。

宿元景深吸了一口清凉的夜气，感觉精神为之一爽。再看看桌子上的菜品，都是口味清爽极精致的，胃口禁不住也被勾了起来。确实，连日的舟车劳顿，胃口本就不好，加上应酬的酒席中看不中吃，还真是好几天没有吃过顺口的东西了。想到这里，他禁不住赞许地看了一眼朱贵。

宴席从乐和的一首清歌开始，唱的是本朝词人苏东坡的《水调歌头》。

"但愿人长久……"宿元景想着苏学士的宦海沉浮，不禁心中充满了感慨。

萧让是个口直的人，接口道："苏学士几起几落，确是好心胸，沉浮中写出了好文章！"

宿元景看了看这个白衣的年轻人，嘴角动了动，又把话头止住了。朱贵知道话题犯忌讳，忙插话道："长久难得，难得长久啊。"

蒋敬捋了捋胡子，似笑非笑地说："应时顺命则长，守道固本则久。"

宿元景沉吟了一下，说："各位可知道庄子龙蛇之变的典故。"

乐和说："这个典故，我有一段评话可说。"众人赞道："好！"

话说当年，有一学生来问庄子，如何得遇明主，如何做得名臣。庄子把学生领到山上，见一群人在砍伐树木，庄子打发学生上前问

领导有砍树、杀雁两种类型

问,为何有一大树不砍。伐树人回答说:"那是臭椿树,纹理弯曲,气味难闻,实在不成材,所以不砍。"庄子对学生说:"树木有十年而遭斧凿之灾的,有百年常青的,原因在于有用与无用、成材与不材之间。"学生大悟:"原来是有用则亡,无用则存。"

庄子摇头,又带学生到一农舍。一老翁正在杀雁,众雁惶恐异常,唯有一雁神态自若。庄子遣学生前去询问,老翁说:"此雁鸣声悦耳,极其难得,不忍杀。"庄子对学生说:"雁有长成即遭刀斧的,有自得其乐快活无忧的,原因也在有用与无用、成材与不材之间。"学生又悟道:"原来是有用则存,无用则亡。"

庄子大笑,学生疑惑不解,说:"君子长久之道,到底在于有用还是在于无用呢?"

庄子说:"做树,则无用长久;做雁,则有用长久。君子应当谨慎地考虑有用与无用的问题,顺应环境善于变化,就好像天上的龙,风云际会高高在上,万众景仰;一旦大旱千里,风雨不做,就能身伏草莽,做一条小蛇,与蝼蚁蜈蚣为伴。该做龙时专心做龙,该做蛇时安心做蛇,这才是长久之道。"

萧让笑道:"领导才华在于用人之法。有人因事择人,能者多劳,以致忙闲不均,能者疲惫,闲者悠然,此为砍树领导;有人因人设事,重重筛选,使庸者能者泾渭分明,存其精华,去其平凡,此为杀雁领导。"

宿元景见朱武一直笑而不言,就追问道:"朱武先生对这两类人如何看待?"

朱武微微欠欠身,说:"凡成大事,需结众人之力,若层层裁汰,难免人丁不旺、力量单薄;若举凡重任,尽皆交付给一两个能者,难免闲者生事,劳者生怨。所以砍树的领导失之于不公,杀雁的领导失之于过严。"

"有理有理。"宿太尉接着这个话题说出了自己的一番道理。

作为一个领导者，首先要考虑的是建立一种制度，确保人才找到之后合理使用，不但人尽其才，而且保证付出了就可以有公平的回
报。把这种回报机制以制度条文固定下来，然后公之于众，使得人才的使用与回报可以脱离领导者个人的好恶。这样，让人才无论遇到砍树的还是杀雁的领导者，都能有公平合理的待遇，这才是长治久安的策略。

卓越的组织就是这样不断地设势，有了这个势，不必费心搜求，人才就会自己前来；而且无论领导个人风格怎样，人才都可以安心、放心地作贡献。平庸的组织不知道设势，一方面疲于搜寻人才；另一方面又忙于调整领导者个人风格，努力不少但是效果往往不好。

宿太尉不愧是当今贤才，一下子就说到了要害。

蒋敬见大家谈得兴起，也不甘沉默，把自己的五行之术也端了出来。

领导者用的是"君道"，君道像天，以能包容为主；下属用的是"臣道"，臣道像地，以能生长、能担当具体任务为主。天提供风调雨顺的成功条件，却不自己生长庄稼；地具备生长庄稼的力量，但是要在外部条件的配合下才会有收成，好年景多收成、坏年景少收成，顺天而行。所以领导者设势，就是要提供各种有利条件，条件具备了，成功的势有了，然后才能要求下属。下属完不成任务,首先要检讨的是领导者自己,你要看看自己是不是给人家创造了充分的条件。天不风调雨顺却要求地年年丰收,那是舍本求末的做法。

大家谈得都很尽兴,宿太尉兴致也很高。见时机成熟,朱武就示意萧让把自己写的扇面送给宿太尉。宿太尉也是精通书法的雅士,见了萧让真迹,不由赞叹不已,爱不释手。大家又少不得一番评论。

散席的时候,朱武送宿太尉弃舟登岸,顺势对他说:"太尉大人,当今圣上雅好书画,太尉被圣上器重,想来身边一定也有不少书画高人吧。"宿太尉摇摇头:"萧兄弟的字天下一绝,我身边可是没有这样人才啊。""哦,"朱武沉吟了一下,然后说,"梁山事务武多文少,萧兄弟赋闲,太尉东京那边若是有什么差事,可以尽管调萧让过去出力。"

宿太尉有点儿意外地问:"这是萧兄弟自己的想法吗?"朱武点点头,说:"太尉是明白人,我也不相隐瞒。萧让能到东京出力,一来可以成全了太尉的公事,二来也成全了他自己。"

宿太尉片刻间便恍然大悟,笑道:"好事好事,我一定成全此事。"

不久,萧让就被太尉衙门一纸调令借调到东京汴梁了。我相信,萧让在东京闯出了名气,再回山寨的时候,随身也就有了太尉甚至皇帝这样的高级别人士的肯定和推荐,这样他在梁山受到的重视和肯定一定和从前大不一样。这就是借调的奥妙所在。这个计策就叫作顺风借势、隔山打牛。

萧让上任

由于宿太尉的推荐,加上有关方面特别是太师蔡京的赏识,萧让得以进入枢密院成了一个三级部门的临时主管,手下管着百十号人呢。这个锻炼机会对他可是十分的难得。

上任之前,萧让特意到宿太尉府上拜谢,竟吃了宿太尉的闭门羹。隔日宿太尉却在官署衙门接见了萧让,萧让很是纳闷。

会见的场所是书房,宿太尉日常办公就在这里,几个随身小吏不时进进出出地忙活着。宿太尉对着萧让一笑,因太尉穿的是正式的官服,又是在衙门之内,萧让就按照官场正式礼节行了参拜,宿太尉坦然受了,然后让萧让落座。

由于前几次接触都是在很随便的场合,一旦到了这样正式的场合,萧让反而觉得浑身不自在起来。宿太尉早把一切看在眼里了,他不紧不慢地问道:"此处谈话,总觉得过于死板,心里不十分自在。但是萧贤弟可知老夫安排你我在此会面的深意呢?"

萧让摇摇头。于是,宿太尉就借题发挥,引出几条新官上任的口诀来。

新官上任,万事开头,是各方面情况从不熟悉到熟悉的过渡时期,往往由于一时的疏忽就会出现纰漏;而这个时期也是领导者在众人心中形成第一印象的关键时期,一旦真的有了纰漏,就会直接影响领导者本人在众人心中的印象,对今后的工作形成障碍。所以新官上任不可不慎。主要的注意事项就是把握好六个字。

1. 把握好"显"与"藏"

"显"是展现,"藏"是隐匿。领导者初来乍到,一定要把握好"显"与"藏"的尺度。基本的口诀就是"慎私访,双亮相;藏行止,

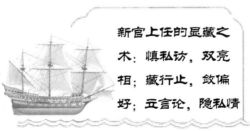

新官上任的显藏之术:慎私访,双亮相;藏行止,敛偏好;立言论,隐私情

敛偏好；立言论，隐私情"。

慎私访指的是在接到任命以后要谨慎处理私人的拜访活动。如果十分必要，那么也要尽量使用公开的正式的拜访方式。有的人接到任命后，就立刻在领导间或者亲朋好友间开始穿梭拜访，这样做是十分不妥当的。先说拜访领导和同事。如果只拜访个别人，无异于告诉其他人，你对这个人另眼相看心存感激，其他人中一旦有心眼小的，即使不发作，也难免会心生不满，个别曾经帮助过你的人还会产生怨恨。如果所有上级逐个拜访，一来浪费时间，二来容易显得过分圆滑，有人会说"看看，工作还没到任就开始拉关系了"。新工作刚开始就在领导和下属当中形成这种印象是十分不利的。再看拜访亲友。有的人一接到任命就马上在亲朋好友间频繁活动，既显得过分张扬，有得意卖弄之嫌，也给人一种不良印象——这个人爱搞小团体活动，今后恐怕是要任人唯亲了。这种印象对于上任后正常开展工作当然也是十分不利的。

因此，得到任命后谨慎处理私人访问是十分必要的，应尽量使用正式的、公开的、集体的方式，以联系感情，避免嫌疑。与亲友来往方面，在走前做一个告别宴会也就足够了。与领导和同事来往方面，关系不错的也可以搞个告别宴会，个别确实要单独面谈的，也尽量选在公署，以工作名义相见，兼及感情，这样比较妥当。

双亮相指的是到任后在众人面前要有两次亮相的机会。一次是在管理团队之前亮相，一次是在广大员工面前亮相。这两次缺一不可。见管理团队适合采用直接见面的方式，这是一次理性的会面，内容应以探讨工作为主，分析前途，指明利害，共商大计；与员工见面在员工很多的情况下，可以采用间接见面的方式（见一部分人，然后把见面的场面在其他人中广泛传播），这是一次感性的会面，内容应以关心生活为主，问寒问暖，指明前景，展示信心和希望。通过这两次恰到好处的亮相，才能在下属心目中树立起一个良好的形象，为今后工作的顺利进行奠定基础。

藏行止指的是自己的日常饮食起居的场所和路线要保密，控制知晓的范围。一来为了避免被打扰，确保时间和精力集中于安排好的日程上；二来防止突发事件，比如一旦大家都能很容易地找到你，难免有个别态度激烈的人前来反映问题，甚至有可能是聚众前来，这样的场面难以控制，仓促之间，应对稍有差池就可能发生意外，最好的办法就是避免发生。

敛偏好指的是要尽量收敛自己的偏好，不在众人面前表现出来。偏好是理性的盲点、情感的弱点、毅力的空白点，把自己的偏好展示给别人，就等于是告诉别人自己的软肋所在。这样，天长日久，难免有人出于各种目的，处心积虑地迎合你的偏好。人家是百般设计、精心布置，你一旦动心，后患无穷。所以，新到一地，在万事待理、面孔生疏、根基不牢的情况下，最好是收敛自己的偏好，尽量不让别人知晓。

立言论指的是要广泛传播自己的看法和观点，取得众人的认同，在人们心中树立自己的形象。有了形象才有忠诚度，有了忠诚度才有号召力。立言有三个点：一是对于大家公认的问题要尽早、尽快地进行表态，给出解决办法；二是要传扬正确的做事风格和价值观，有破有立，针对现实，态度鲜明；三是深入浅出地讲明白自己的施政纲领，既给大家一个美好未来，也给大家一个达到这个未来的清晰道路。

隐私情指的是把自己的个人生活和对人对事的私人感受等内容藏得深一些。个人生活深藏不露可以防止各方面的人对你进行算计，实际上就是稳住了一条战线，堵塞了若干漏洞，起到防患于未然的作用。把对人对事的私人感受隐藏起来，一方面可以避免不必要的麻烦，远离流言蜚语；另一方面可以展示一个领导者

的公心——领导者待人接物一视同仁，绝不会因为个人因素而厚此薄彼，这样可以获得大家的信任和支持，保持良好的群众基础。

新官上任的宽严之术：先严后宽、制严语宽、近严远宽、上严下宽

2. 把握好"宽"与"严"

基本的策略是"先严后宽、制严语宽、近严远宽、上严下宽"。

先严后宽指的是刚开始的时候要求要严格，措施要严厉，随着时间的推移，可以适当有所缓和，个别条款可以有所放宽。人性有一个基本的特征就是：由坏入好易，由好入坏难。比如穷人富了比较容易承受；富人穷了却很难承受。管理也是一样，一开始严厉些，以后慢慢变得宽和了，正好比由穷入富，人人会称赞领导的仁德。如果相反，一开始宽厚，以后越来越严厉，正好比由富入穷，必然会导致人人怨恨。

制严语宽指的是制度要求上很严格，但是领导者本人在执行严格制度的过程中，表现出人性的一面。诸葛亮在失街亭之后处斩马谡，不少人为马谡求情，均遭拒绝，出师未捷先杀大将，是为了维护军威，可以说这是一个很严酷的事件。但是在杀马谡的时候，诸葛亮却是泪流满面，情真意切，还主动承诺会像照顾自己亲人一样照顾马谡的家人。这是一种高超的领导境界，取得了壮军威和收民心的双重作用。

近严远宽指的是对身边的人在日常管理中要严格，而对隔层乃至更远的下属，则保持宽厚。身边的人是直接被指挥的，和他们的交往主要是工作关系，往往要亲自进行直接的考核与奖励；而远处的人则是没有工作关系的，不需要亲自进行考核和奖励。在这种情况下，对身边的人当然要全面细致地提出要求，而且要求要具体，赏罚要分明。而对远处的人，只要提出原则上的要求就可以了，要求都是粗线条的，给他们的直接上级留出行动空间。另外，身边的人日常工作和私人接触都很多，容易确立的是感情，不容易确立的是权威；而远处的人日常和私人的接触都很少，容易确立的是权威，不容易确立的是感情。为了保持平衡，防止偏于一端，也需要采取近严远宽的策略。

上严下宽指的是对上等才智、责任重、位置高、有发展前途的下属要求严，对其他的下属宽。这个道理何在呢？

墨子有个学生叫作耕柱，这个学生就发现自己的老师对别的同学都很宽和，偏偏对自己很严厉。大家都出问题，老师往往只批他一个人。他很不服气，有一次在类似的事情又发生了以后，就跟墨子抱怨说："老师，你偏心，对别人那么宽容，唯独对我这么严厉，难道我有什么地方得罪了老师？"

墨子就问他："如果我们一起上太行山去，随行的有马也有羊，你把东西给马驮还是给羊驮？"

耕柱说："当然给马驮。"

墨子又问："山路陡峭，面临着掉下山涧危险的时候，你用鞭子打马还是打羊？"

耕柱说："我打马，因为它驮着东西呢。"

墨子笑了，说："你就是那匹马，所以我才严格要求你而不要求其他人。"耕柱感激地对着墨子下拜。

上严下宽就是这个道理。上等才智的人最有前途，最容易被塑造成栋梁，对他们的一分教导会产生十分的收获。而且他们本身往往已经身担要职，属于中流砥柱，容不得半点差池，所以对他们的要求一定要严格、具体、明确。而对一般的人,特别是那些没有什么发展、无足轻重的人,则没有必要过多地关注。这就好比要给小树剪枝而不必管旁边的小草一样。

3. 把握好"急"与"缓"

俗话说"新官上任三把火",初到任上,很容易急功近利,急于想做出成绩。在这种情

新官上任的急缓之术:事未发可忍,人不尽识可忍;急于知事,缓于近人;到位而不越位,用权而不争权

况下,处理好急与缓的关系就显得十分重要。要诀是"事未发可忍,人不尽识可忍;急于知事,缓于近人;到位而不越位,用权而不争权"。

事未发可忍指的是事情还没有尽显端倪之前,一定要保持忍耐,密切关注矛盾变化的趋势,一直等到时机成熟了方才下手解决。春秋时期的郑庄公就使用过这个计策。庄公的母亲不喜欢庄公而宠爱庄公的弟弟段。后来庄公掌握了大权,段很不服气,态度很傲慢。这个时候庄公没有因为段的这点态度问题就对他下手,而是静观事情的变化,而且进封段为"京城太叔"。段日益骄纵,行为越来越出格,搞得大臣不满、国人愤怒,这时候庄公抓住时机一举灭了段。补锅的人往往都带着锤子,锤子的作用是敲锅,把本来细小的裂隙放大,然后再补。这样既修补了所有的漏洞,也可以在补好后让大家看见自己补的这些裂缝个个都很危险,从而说明补的价值和效果。

人不尽识可忍指的是在没有完全了解一个人的全面情况之前,一定要保持忍耐,不要轻易地把关系搞僵,防止失去朋友和冤枉好人。有史为证,孔子在陈绝粮,危难中终于找到了一点米,他就派自己的学生颜回去煮饭。颜回是孔子学生中公认道德修养最高的。

过了一会儿，孔子去看饭是否熟了，隔着门缝发现颜回揭开锅正在用手抓饭往自己嘴里填。孔子很失望，但是给颜回留了余地，没有贸然进门，而是转身回了自己的房间。过了一会儿，颜回来向孔子报告可以吃饭了，孔子就说："先祭了祖先再吃吧。"颜回一听就跪下了，说："饭我已经用手抓食过了，恐怕不能祭祖。"孔子心中不免一喜，觉得颜回至少还是诚实的。不料颜回接下来的言语却出乎老夫子意料。颜回说："房子久已无人，梁上全是灰尘，饭揭锅的时候，灰尘被热气扑下来，落到锅里，污染了表面的饭。为防止浪费粮食，我就先把最表层被灰土污染的饭吃了。"于是孔子感叹：了解一个人太难了，而在了解一个人之前轻易下错误结论太容易了。圣明如孔子，还险些错怪好人，何况我辈。因此无论是耳朵听见的，还是眼睛看见的，都要三思，要再拿出些时间来考察，绝不可轻易地下结论，以防犯察人之误。

　　急于知事，缓于近人。"知事"就是掌握工作情况，在对待工作上，首先要做的是仔细了解情况，努力做到基本情况烂熟于心，其他情况有据可查。知事的要点有四个：①过去的情况如何；②我们是怎么做的；③现在的情况如何；④我们的目标是什么。对这四点的掌握要像说自己名字一样熟练准确，而且是越快越好。"近人"就是和人建立密切关系。在与人相处上，要谨慎从事，不要操之过急。人是善于伪装的高级动物，有些人表面上很好，但未必是真朋友。在建立亲密关系上操之过急往往会受人蒙蔽、被人利用。特别是如果交友不慎，稀里糊涂和一个公认的不良分子拉近了距离，那么正人君子、有识之士就会大失所望，领导者在个人形象受损的同时，也会失去发展事业所需的人才。

　　到位不越位，用权不争权。一个人努力把事情做好的愿望是对的，化成行动的时候就要注意适可而止，因为做什么都是有限度的，做好事也是一样。有史为证：战国时代，田单打败了燕国军队，恢复了齐国失去的72座城池,全国上下无不崇敬。有一次,田单和齐王出行,路上看见一个老汉过河冻得浑身发抖,田单忙上去把自己的衣服给老汉披上了。齐王看见这件事后心里很不痛快。田单做的虽然是一件好事情,但是他越位了,做了本该由齐王做的事情。在这样的情况下,田单比较到位而不越位的做法是向齐王进言,提醒齐王做这件事。如果齐王兴趣不大、积极性不高,就真诚地给他陈明利害关系帮他下决心。什么都不说,上去直接就帮人,显然有越位的嫌疑。

一个尽职而不越位的下属需要做到的是能够和领导"争事不争名"。作为一个下属,积极完成某项任务,主动承担责任,在工作上和上级有所争执,这都是很正常的,是尽职尽责的现象,属于"争事"的范围;下属不该做的是和领导争功,自己的风头盖过领导,在传扬美名、展示道德、收拢人心的事情上抢先占位,不给领导留空间,这就是典型的"争名"行为。越是高层的领导者越是厌恶下属的"争名",所以只有到位而不越位地做好本职工作,职业生涯才能一帆风顺、越走越高。

用权不争权说的是一个有心计的领导者在上任以后,要把握好职位权力和个人权力的尺度。职位权力来自上级的任命和制度的认可,它决定了可以管多大范围、管多少人、管多少事、可以调动什么资源以及进行怎样的赏罚。在职位权力之外还有一种权力叫作个人权力,它不必上级任命,而是来自周围人的认可和接受。这种拥护与领导者个人的人格魅力和专业水平直接相关。人格魅力强、专业水平高,大家自然就愿意一心一意跟你走。

新官上任,在用权的过程中一定会遇到很多阻力和困难。首先要注意的是不要单纯使用职位权力,要学会运用个人权力;其次要注意不要总是开口跟上级要权力,或者和周围的人争什么任命,要学会兢兢业业树立自己的个人权力。个人权力的树立方法就是积极帮助别人，做大家的专业教练和精神导师，而且在重大事件中能起到表率和榜样的作用。只要朝这个方向努力，那么领导者的个人权力一定会蒸蒸日上。

用权不争权的实质就是用好现有的权力资源，不伸手要职务要权力，而是在行使享有职权的过程中，扩大影响力，增加自己的个人权力，这样虽然不去争，最终却可以得到。这绝对是一种高级的权力智慧。

萧让后来对朱武说，当时听完宿太尉一番教导之后，自己的第一个反应就是对担任领导职务产生了浓厚的兴趣，有一种跃跃欲试的感觉。

温酒题诗

萧让的成长确实很快。从东京汴梁归来之后，明显感觉他在政治上成熟了许多。由于有徽宗皇帝、蔡太师、宿太尉等一班重量级人物的赏识和关注，萧让的名气和声望已今非昔比。宋大哥、吴军师自不必说，连平日不怎么在乎萧让的一班武夫在萧让回来以后，也礼遇有加，特别是曾经在朝廷为官归降了梁山的武将们对萧让尤其另眼相待。萧让不但顺利地站稳了脚跟，而且取得了职业生涯中的一次飞跃式的发展，宋大哥直接提拔他掌管中军文书，安排裴宣、朱武与萧让在一处办公，他们三个人也平起平坐。

读书人毕竟是读书人，萧让事业上如此顺利，可是脸上却一反平常，不但没了笑容，而且忧愁之色日渐增多。朱武知道萧让又有心事了。

这天得了空儿，朱武亲自安排酒菜，把与自己往来比较密切的一些头领都请到了小寨。依次是小李广花荣、浪子燕青、混世魔王樊瑞、铁面孔目裴宣、旱地忽律朱贵、铁扇子宋清、跳涧虎陈达、白花蛇杨春，最后请了圣手书生萧让。大家在一起做一个通宵的畅饮。酒到半酣，萧让却向朱武吐露了近日的烦闷。原来他近日隐约听了一些闲话，于是很担心自己太惹眼，要遭人忌妒和中伤。就着这个话题，朱武征求众人的看法。樊瑞第一个开口："你只管做好自家事情，休理会那班小人就是了。"裴宣也附和道："但求问心无愧，何必理会流言。"

朱武拿眼睛看众人的时候，却见浪子燕青一脸笑容，似是早有主张，就问道："小乙兄弟对此有何高论？"

燕青的主张确实是高论。他放下酒杯，朝众人抱抱拳，说声献丑，然后把自己的想法讲了出来。

忌妒之心人皆有之。君子心有忌妒，往往激发斗志、闭门发奋，以求赶超；小人心有忌妒，则会心生险恶、诋毁中伤，以求平衡。大丈夫做事，固然是光明磊落，问心无愧即可，但也要谨防小人搬弄是非。俗话说得好："人无害虎心，虎有伤人意。"所以对于忌妒切不可掉以轻心，着了小人的暗算；忌妒之事，确实不可不防。

成功后如何防止被人忌妒

要防止忌妒，首先要明白忌妒的特性。忌妒有"四性"，防忌妒的手段也全从这四性中来。

（1）忌妒易得，不忌妒难得。比较容易做成的事情往往会被周围的人忌妒，但是千辛万苦做成的事情就不会被人忌妒。所以，一个人在取得成就之后，要有心防止忌妒，就一定要多讲讲自己成功的艰难，讲一下自己遇到的困难和自己奋斗路程的坎坷，这样不但可以很好地防止忌妒，而且能够提升自己的个人形象，可以说是一举两得。

（2）忌妒相似，不忌妒不同。人们对和自己有相似条件的人，往往对其成功后会有较多忌妒，而对于确实有比自己拥有更优越条件或者是更独特能力的人，忌妒就会少些。因此，在成功之后，不要忘记抓住一些日常的小事情，有意无意地向大家展示一下你的过人之处和独特本领，展示得越充分，忌妒就越少。

（3）忌妒得意，不忌妒失意。意气风发、处处顺利的人容易让人忌妒，而虽然成功，但是也遭遇挫折、承受打击的人就很少被忌妒。因此，在成功之后，最忌讳的是扬扬得意、忘乎所以。一定要在不同的场合，借助一些话题，和别人讲讲你自己的无奈和失落，讲讲自己生活中难解的心结，适度暴露一些自己内心的情绪，这样就会减少忌妒，得到大家的理解和认同。

（4）忌妒卖弄，不忌妒收敛。那些成功之后到处宣扬的人会被别人忌妒，而谦虚含蓄、比较收敛的人就很少被忌妒。在成功之后，千万要注意自己在公开场合的言行，不可以目空一切、夸夸其谈。比较适合的策略是肯定成果，也指出不足，谈自己的长处也谈自己的短处。把成功更多地归因于外部因素，比如机遇、别人的帮助、环境的支持等。有的时候，这确实显得有点太谨小慎微，但是就是这种公开的谨小慎微，能够给大家一种很含蓄收敛的印象，从而最大限度地减少了忌妒，争取了支持和赞赏。

好一个燕青，不愧是个乖巧伶俐的人物，一番话说得大家无不折服。花荣带头，众人纷纷向燕青敬酒。萧让也是一副受益匪浅的表情。

酒喝得很尽兴，喝到兴头上，众人开始行酒令。轮到萧让了，樊瑞故意拿言语激他，哄他做一首助酒的诗出来给大家添兴。萧让当场应允，宋清说："古有曹子建七步成诗，久闻圣手书生才智超群，不如今天也来个七步成诗吧。"众人附和。

萧让推辞道："曹子建诗才千古无双，我怎可比较。今天兄弟们兴致好，我只好做一个温酒成诗吧。"

旁边裴宣拊掌笑道："当年关老爷温酒斩华雄，武艺绝伦，我们众兄弟今日就看萧贤弟温酒出妙句吧。"众人叫好，朱武忙吩咐上笔墨，萧让就着中厅的粉皮墙壁，笔走龙蛇，一挥而就。诗曰：

门对青山爱晚凉，
不慕王侯慕狷狂。
吟来秋水长风起，
落去梅花满地香。
千金筑台邀月色，
散尽珍珠换华章。
此身尝是云中客，
瑶池醉舞乱红装。

众人拍手称快！都赞道："好一个'瑶池醉舞乱红装'。"

朱武也赞叹："萧贤弟气势洒脱，有道家风骨、书生傲气啊。"那边裴宣的酒温不温朱武不知道，不过朱武悄悄数了数，萧让一共走了15步。

酒喝了不少，大家尽欢而散。杨春却没有走，朱武知道他肯定有事情，就问他："贤弟还有何事？"杨春说："小弟最近有一难事，不便和人讲，自己又实在不知所措，想请大哥指教。"朱武就问他到底何事，杨春却说天色不早，可否明日留时间给他，然后和朱武详谈。朱武点头应允，一路把杨春送出门。上马前他神色凝重，低声嘱咐朱武："兄长，此事关系宋头领，万望兄长保密。"

欲知后事如何，且看下回"帅气郭吕"。

本回提要：处理危机事件的技巧、授权要领、时间管理技巧、夹在闹纠纷的上级之间怎么办、被上级误解了怎么办、自我管理要领

第十一回 吕布气帅

上回书说到杨春神神秘秘地要和朱武商量事情。第二天朱武醒了宿醉,洗漱完毕,刚准备吃早点,杨春就来了。由于都不是外人,朱武也没有更衣,直接把他叫进后堂,他们俩坐在炕上边吃早点边说话。

杨春告诉朱武,他新近接到任命,已经调入中军标营了。朱武很高兴,这是好事情啊。杨春苦着脸说:"好什么好,我都快烦恼死了。"

原来,中军标营是由两位头领分掌的,一个是小温侯吕方,一个是毛头星孔明。这两个人素来不十分和睦。杨春调进来,在这二人的领导下开展工作。这两个人在杨春身上可下了功夫,今天这个请喝酒,明天那个请吃饭,都极力拉拢杨春。为的是让杨春成为自己人,帮助自己跟对手斗。

杨春深深叹了口气:"唉!朱大哥,你是了解我的,我这个人直肠子,从来不会搞什么弯弯绕。现在夹在这两个人中间,向着这个吧,就得罪了那个;向着那个吧,又得罪了这个;两个都不理会吧,倒把两个都得罪了,这滋味实在是难受。有心跟宋大哥去说,偏这两个人一个是宋大哥徒弟,一个是宋大哥爱将,都是宋大哥眼前的红人,我又怕说出什么不妥当的话,有损宋大哥威望。万般无奈,只好求教朱大哥你了!"

看着杨春一副左右为难的样子,朱武很理解他。遇到这种事情确实很有挑战性,万一处理不好就有可能导致两头不是人的结局。不过朱武相信一条,天下万事,既然发生了就一定有解法。

朱武稍微理了一下思绪,然后就把自己的主张讲给杨春听。

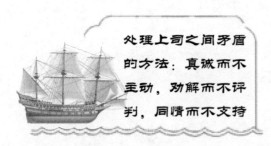

处理上司之间矛盾的方法:真诚而不主动,劝解而不评判,同情而不支持

处理这种问题,要牢记一个口诀——"真诚而不主动,劝解而不评判,同情而不支持"。

1. 真诚而不主动

千万不要主动介入

矛盾纠纷，尤其是防止出于善良愿望进行所谓的"调解和劝架"，这都是十分错误的，因为此举完全不符合自己下属的身份。最好的办法是安心做好自己的工作，对纠纷视而不见，不当回事儿。一旦有上级因为纠纷主动来找你了，一定首先记住要真诚地表态。

表态一：领导和自己说这个事情，说明领导对自己十分信任。感谢领导的信任。

表态二：自己希望工作蒸蒸日上，希望与领导和睦相处。

表态三：自己一定支持领导工作，把本职工作做好，绝不让领导失望。

2. 劝解而不评判，同情而不支持

在表态的基础上，谈到具体事情的时候，先给上司吃"安慰剂"。如果上司当着你的面攻击对手，并且要求你发表看法，你首先应该表示十分理解上级的心情，同情上级的处境。接着就要给他用"清热散"，建议上级仔细考虑利害关系，不到万不得已，不要使用激烈手段。千万不要就谁对谁错发表评论，要保持局外人的身份。最后要给领导吃"定心丸"，增加他的自信，告诉领导一切都在他掌控当中，对手不敢过分的，如果对手过分，广大群众都不会答应。

在把握了大原则的基础上，还要注意区别对象，掌握三条："上下有别、内外有别、曲直有别。"

化解矛盾的最佳态度：上下有别、内外有别、曲直有别

其一，"上下有别"说的是首先要注意上司之间的职位高低，根据职位高低在态度和处理方法上有所区别。

跟大领导说话的时候，言语态度上要站在大领导一边，给大领导出气,适当批评一下小领导不该和上级闹生分;说话的内容上要站在小领导一边,给小领导出路,建议大领导大人大量,展示自己的宽容,肯定大领导一定能对付得了小领导。把"安慰剂"、"清热散"和"定心丸"都用上,以"定心丸"为主。

跟小领导说话的时候,要多讲利害,提醒小领导"铁锅再大大不过盖,巴掌再大捂不住天"的道理。劝解他不要过分激烈,并且告诉他广大下属都把一切看在眼里了。在"安慰剂"、"清热散"和"定心丸"的组合使用中,以"清热散"为主。

其二,"内外有别"说的是还要注意上级和自己是不是一个部门,根据部门内和部门外在态度和处理方法上有所区别。

对内部领导,要表示忠诚,告诉他自己会坚决站在自己部门一边的(注意:不要说站在某人一边)。话不必多说,使用"定心丸"策略就可以了。

对外部领导,要表示理解,但是讲明自己的位置决定了自己不便多说。再接着讲明白,自己是个小角色,人微言轻,也不足以左右局势。话点到为止,使用"安慰剂"就可以了。

其三,"曲直有别"说的是要注意看看双方的纠纷到底谁占理,根据有理和没理的情况在态度和处理方法上有所区别。

对于占理的领导,要肯定他的优势,讲讲自己对他目前有利因素的了解,要多使用"清醒剂",以下属的身份强调,"公道自在人心",群众和最高领导一定是支持有理的。告诉他有理不妨让三分,得利益又得民心。

对于不占理的领导,要显示出自己对他目前处境的焦急,讲讲形势的不利,同样多使用"清醒剂",建议他主动收敛,防止事态的恶化,表示自己愿意为控制事态恶化做出努力。

说完了"基本打法",杨春听得眼睛早直了。朱武知道他还需要具体建议，就帮他分析了一下。

从眼前情况看，孔明和吕方双方谁都不是绝对占理的一方，谈不上曲直；吕方和孔明又都是中军标营，和杨春同在一起，也谈不上内外；不过，在山寨的任命中，吕方是正职，孔明是副手，大小是有区别的。现在两方都来找杨春，到了杨春该真诚表态的时候了。根据上面的分析，目前杨春比较合适的具体策略是：以下属和局外人的口吻，劝解吕方，提醒孔明，给吕方吃"定心丸"，给孔明吃"清热散"，做到情真意切、利害分明。如果双方有任何一方要采取过激行动，都明确地表示自己的担忧，从利害角度给予直接否定。这样做应该是既有利工作，又化解矛盾，而且能使自己避开矛盾旋涡的有效措施。

杨春把计策听了去。

安道全拔箭

打发走了杨春，朱武开始忙活最近积攒的一些遗留公事。朱武喜欢在家办公，比较清静，有助于思考。本来准备今天把剩余的事务都处理完毕的，可是计划赶不上变化，午饭刚吃过就见后寨的医官风风火火地闯进来，说是安道全先生有要事商量。朱武心里纳闷，安先生平时和朱武来往不多，不知道出了什么事情。

安道全门前人声杂乱，毛头星孔明和小温侯吕方各自领着一拨人在那里吵吵闹闹，中间夹着个人在左劝右拦。朱武仔细一看，这个解劝的不是别人，正是白花蛇杨春。

杨春见朱武到来，急切地说："朱大哥休理会这里，快请进屋和安先生说话。"

进了屋，却见屋子里两个人正热锅上蚂蚁一般团团乱转，一个是神医安道全，另一个是赛仁贵郭盛。见朱武到来，两人不由同时

抢步上前。朱武再往床上看时，心中不由一惊，只见独火星孔亮双眼紧闭，肩缠白布，直挺挺躺在床上，肆无忌惮地在大叫不止。

安道全把事情的来龙去脉向朱武讲述了一遍。

梁山有两对英俊人物，一对是毛头星孔明、独火星孔亮；一对是小温侯吕方、赛仁贵郭盛。这四位不但年轻英俊，而且都深得宋公明哥哥爱惜。孔家兄弟乃是宋大哥的亲传弟子，和宋大哥有师徒情义；郭、吕二人是宋大哥亲兵营统领，每天不离宋大哥左右。偏偏这两对互相之间早有不服。孔家兄弟仗着是宋大哥徒弟，经常在宋大哥寨里直出直入，对郭、吕二人的手下呼来唤去，对郭、吕二人也是不理不睬。郭、吕二人借着保护中军的名义，常常约束孔家兄弟，还当着宋大哥的面告过孔家兄弟的状。两边的不满日积月累，终于因近日的一件事情而爆发。

梁山草木葱茏，鸟兽颇多。众头领又都是喜欢舞枪弄棒的人，平日里闲了，各个喜好打猎。宋大哥担心随着山寨人马越来越多，各家弟兄随意打猎，人马横冲直撞乱了规矩，所以山寨就专门划定了一个区域专供打猎，其他地方一律禁猎。无奈狼多肉少，现在山寨有了十万之众，狩猎区内的鸟兽越来越少。为避免竭泽而渔，最近山寨又下了第二道令，各处人等、大小头目，凡欲打猎，须有宋头领亲自签押的腰牌，否则一律禁止。吕方、郭盛受命负责把守狩猎区四处道口。孔家兄弟平日是最喜欢打猎的，新制度颁行的第二天就前来行猎，可是由于没有腰牌，郭盛硬把紧了门不让进。双方吵了起来，下边小喽啰互相还动了拳脚。

孔明是个厉害角色，孔家庄打过武松、大明府战过索超，自然不会服软，见闯门不成，就带人要从偏道入内。郭盛心知暗处小道都下有防备猛兽的毒弓绊索、陷阱机关，一时吵得兴起，就和孔明叫板，赌他不敢进入。孔明知道厉害，口上叫喊却并未真进，偏孔亮是个没有深浅的，那边吵着，他这边自己悄悄带人转过山就要闯进,结果中了草丛里的机关,胳膊上着了箭。这下不得了,见兄弟受伤,孔明揪住郭盛要拼命,郭盛慌得没了主张,忙派人来请吕方。幸好吕方是有主意的,赶紧送孔亮来安道全处调治,先让神医给个公道,确认孔亮并无危险只是小伤。可是孔家兄弟不依不饶,一个在外边闹,一个在屋里耍,一干人都不知道事情到底该如何收场,情急之下就来找朱武。

朱武对安道全说:"眼下最要紧的是遣散众人和稳住孔明。那边可以派个医官请孔明进屋知会孔亮伤势,他惦记兄弟一定会进来。孔明一旦进屋,我这边就和安神医一起出去严词遣散两边闹事的喽啰。预先暗示吕方,叫他那边的喽啰可以带头散去,只要人一散,事情就好控制了。"

大家点头,各自行事。没一会儿,人群都散了,院子里安静下来。这边刚安静,那边孔明又在屋里闹了起来。朱武先让人赶了郭、吕二人出去,然后才来和孔明说话。

朱武先请孔明坐下,吃一碗茶给他,让他定定心神,然后才对着他二人劝解道:"孔家兄弟今天要讨回公道很容易,策略就叫作忍在明处、说在暗处。今天的事情万不能在此吵闹,不吵不闹形势有利,一吵一闹优势尽失。为什么这么说呢?原因有三。

"其一,孔亮兄弟今日受伤属于误伤,不是械斗。你在这里吵闹,却把误伤吵成了械斗,一旦让大家有了械斗的印象,梁山山规森严,必然受重罚。而且明摆着对方唯唯诺诺,你自己却气势汹汹,大家会更加怀疑你是械斗的根由,这下子有利就变成了不利,伤也白受了,而且还要受处罚。这叫作变小事为大祸,一旦上边追究下来,你岂不是鸡飞蛋打。

"其二,今日郭盛无意伤人,你兄弟二人却是有心闯山。本来孔亮兄弟一受伤,众人对伤者的同情会冲淡闯山的鲁莽。偏偏你蛮横地闹下去,众人的同情一下子会被冲淡。这样一来,闯山的事情又会显出来。这叫作变同情为指责,岂不是自讨无趣。

"其三,二位是宋大哥徒弟,身份特殊。宋大哥为维护威信,在处理上肯定会碍于这个关系特别谨慎,他肯定不会袒护徒弟,却会偏向弱者。你不闹,就是被伤害的一方,宋大哥心疼爱徒,顺水推舟自然就会给你一个好的处理结果。你偏要闹,这一闹,先就有了仗势欺人的味道,宋大哥就是想偏着点,也不好决断了。这叫作变支持为回避,一旦发展下去,岂不是自绝退路。

"因此,两位兄弟切不可在这里鲁莽吵闹,要忍在明处,忍给众人看,也忍给宋大哥看。同时呢,要是有火气,你们可以私下里找宋大哥诉诉苦,叫叫屈。你们是他徒弟,这样做合情合理,既能倾诉委屈,又给你师傅留了回旋余地。他看你们这样懂事,一定会加倍地心疼,难道还愁得不到一个好结果?"

一番话说得孔明低头不语,孔亮连连点头,两人起身一拜,说道:"谢谢先生指教,我等有数了。"

说走了孔家弟兄,安道全如释重负,郭、吕二人也连连道谢。朱武辞了众人,径直回自己的小寨,杨春也和朱武一道同行。路上,杨春走着走着忽然哧哧地笑了。朱武纳闷地问:"杨兄弟笑什么?"

杨春道:"我笑先生也是个偏心的,他们都看不出来,反倒来谢你。"

朱武反问他:"如何说我是偏心呢?"

杨春说:"本来孔家弟兄无理,你明里教孔家兄弟不闹,暗里却教他们找宋大哥讨便宜去。郭盛、吕方那边还千恩万谢,这不是你偏心么?"

朱武笑了,说道:"杨春贤弟不知道里边的曲直,我不妨给你讲一讲。"

朱武不从孔家弟兄讲起,却从安道全治病讲起。朱武问杨春:"贤弟注意到安神医如何给孔亮拔箭吗?"杨春摇摇头,不知道朱武要说什么。朱武就势给他讲起来。

安神医拔箭的时候有一个必备的工具，就是剪子。大家都以为拔箭的时候钳子最要紧，用剪子做什么呢？其实剪子作用非常大，用它来把箭杆齐根先剪断。箭杆剪下来了，虽然箭头还在肉里，但是伤口表面上平了，没有长长的箭杆插在外边了，于是病人自己的心理压力就会减轻，周围人也会感觉好很多。这样，大家都不慌张了。局势平稳了，然后就可以安稳地起箭头了。这就是剪子的作用。安神医每次拔箭都是如此！

朱武今天就是效仿安神医拔箭先断箭的技巧。

孔家兄弟和郭、吕二人都带了手下，双方一旦闹起来，一定是轰动山寨，后果不堪收拾。朱武先遣散了两群小喽啰，这是控制局势的第一步。然后又稳住了孔家弟兄，给他们出点子，把他们也打发走了。这是控制局势的第二步。虽然没有解决根本问题，孔家兄弟还是怀恨在心，还是会找宋大哥告状，但是至少表面上看，事情平静了。这就好比拔箭的时候，朱武先把箭杆去掉了。虽然朱武拔不出箭头，但是朱武控制了局势，避免了更恶劣的影响，让事情表面上看起来不那么严重了，为下一步拔箭头奠定了基础。

至于说为孔家弟兄出谋划策的那些话，只不过是权宜之计，为的是把他们稳住，让他们先离开现场，防止出事。下一步，宋大哥自然会出面拔出箭头。朱武相信，宋大哥一定会秉公而断的，郭、吕二人绝不会吃亏。反过来，如果孔家兄弟他们不离开，不依不饶地闹，双方言语不和真的动手，把事情闹大了，郭、吕即使原来有理，也难免受处罚，那样可就真的要吃亏了。这就是俗话说的："没理的闹三分，把水搅浑；有理的让三分，把水澄清。"朱武其实是在帮郭、吕二人啊，他们当然要谢朱武了！

一番话点醒了杨春。白花蛇也学着陈达的样子在那里不住点头，说："先生高明，先生高明。"

用"断箭"的策略控制局势

不知不觉已经走到了朱武的门口，和杨春分手前，朱武又提醒他，以后要在中军做事情了，位置高了，处理事情也更复杂了，要多多动脑筋。今天的事情就是一个很好的机会，可以学习一个技巧，就是：做下属的要学会"断箭"。拔不出箭头，就先把箭杆剪了；治不了本，就先治标。这样可以把局面控制住，让事情表面上看起来好一些，防止恶劣影响扩散，从而能给领导下一步解决问题创造条件。

杨春得了朱武的计策拍马而去。

 孔明悟禅

宋大哥果然高明，在处理孔家弟兄和郭、吕二人矛盾时用了分槽喂马的技巧。他把中军一分为二，一支由吕方、郭盛统领，跟着自己；一支由孔明、孔亮统领，跟着卢员外。这样做既化解了矛盾，又避免了冲突，而且给双方都提了职位，可以说是皆大欢喜。

不过事情办完后朱武知道有一个人不欢喜，这个人就是卢员外。卢员外对孔家弟兄本来印象不好，这次让这两个人给他做办公室正副主任，帮助他处理日常事务，他心里当然不痛快。

任命下达没几天，一个晚上，朱武刚从公孙先生那里回来，孔明就带了礼物前来拜访。呵呵，一看架势朱武就知道肯定是为卢员外。

朱武故意装出很兴奋的样子说："贤弟近日获得提升，前途无量啊，实在可喜可贺！"

孔明无奈地摇摇头，说："朱大哥休要说笑，小弟这几天实在是快要走投无路了。"

朱武问道："不知贤弟为了何事这般烦恼呢？"

孔明看看朱武，说："朱大哥不要装糊涂了。小弟初到卢员外手下，这个差使实在是难啊。"

孔明得了这个任命，心里是很高兴的。不过，他以前根本没有干过办公室的工作，对于做好这个大总管心里没谱。上任不久，连续地出了延误文件、日程冲突、档案杂乱之类的几个小差错，惹得卢员外大发脾气。最让孔明苦恼的是，卢员外总觉得孔明出错不是因为缺乏经验，而是因为公子哥脾气，不想好好干，只想应付人。

"今日小弟冒昧前来，就是想请朱军师帮小弟想个办法。素闻朱大哥足智多谋，且深得卢员外赏识，还望朱大哥能给小弟指一条明路。"

看孔明说得恳切，朱武决定帮帮他。朱武端起手中茶杯，笑吟吟地说："贤弟先给愚兄把杯中的茶水斟满吧。"

孔明有点诧异，但还是很听话地拿起茶壶来给朱武斟茶。在他倒茶的时候，朱武故意把茶杯举高。他连倒了两次，朱武连续抬高了两次，茶水根本倒不进。孔明停了手，迷惑地问："朱大哥这是何意啊？"

朱武见火候已到，就接过他的茶壶，示意他坐下，然后边给他演示边教导他：

"你看，从茶壶里往杯子里边倒茶水，有一个非常关键的细节，就是杯子一定要比茶壶位置低，一旦高了，就一滴水也倒不出来。为人处世也是此理。要想从别人处获得，需要把自家位置放得比别人低才好。要想获得别人的理解和信任，就要保持低调，纵然有理有力也能谦和礼让，不急不争，这是最佳法门。你看你现在，自恃无错，心浮气躁，怒火上浮，如何能得人家的理解？"

孔明边听边问道："朱大哥这似乎是在说禅啊？"

朱武点点头，说："这个叫作茶水禅。贤弟一定要牢记，处下位者能成上人。你如今身处要职，日后会遇到种种人情世故，但守住谦和二字，定不会吃亏的。"

有了这个态度，其实对卢员外的暂时误解就很好应付了。

被领导误解了怎么办

一是要忍得住，不急于表白和辩解，让时间说明一切。人和人交往是需要一个过程的，正所谓"路遥知马力，日久见人心"。眼前卢员外正在气头上，向他解释他很难听进去，效果反而不好。

二是要主动掩盖矛盾。做到不背包袱，努力工作，面对矛盾不争吵、不传播，制止事态的扩大，不把矛盾表面化，给双方都留下余地。

三是要继续积极支持上级。做到人前尊重上级，人后褒扬上级，紧要时候主动出力，一如既往，坦诚相待。用行动改善自己在对方心目中的印象。

四是找准机会消除误会。俗语说"人心都是肉长的"，待文章做足了以后，上级会对你慢慢产生好感，这时再利用机会进行诚恳坦率的交流，解释误会，承认不足，恳请进一步的批评帮助。这样一定能令上级不计前嫌，和好如初。

五是经常加强沟通和交流。待误解烟消云散之后，还要注意顺势扩大成果。要趁热打铁，经常创造机会、寻找理由，与上级进行正式和非正式的沟通，从而交流感情、巩固信任，这就确保了类似的误会以后不会再发生。

孔明听完以后双眉紧锁，沉思良久，对朱武说出了他的忧愁。

孔明办事能力绝对没有问题，只是自己心里没有这么多理论，事到临头虽然知道怎么做，但是见到人家都能说上个一二三，自己说不出，总是难免心虚和不自信，这种无法自我肯定的状态反倒影响了做事情的效率和决心。孔明自己也不知道该怎么办才好。所以，每次见到有理论的人，自己心中都特别烦恼，自信心受到了很大的打击。

朱武十分了解他的这种心理状态，朱武问他："你知道慧能禅师吗？"

他茫然地摇摇头。

慧能禅师是禅宗六祖，生活在初唐时代。他自己是个文盲，不识字，没有读过任何佛经，关于佛经的知识都是听别人讲的。有一次，慧能禅师遇到了一位遍读各种佛学经典、知识渊博的僧人，那位僧人听说慧能不认识字，没有读过佛经感到很惊讶。他问慧能，不读佛经，怎么可能明白佛法呢？当时正是月圆的夜晚，慧能问那个知识渊博的僧人月亮在哪里？僧人指着天空说："在那里啊！"

慧能说："你用手指月亮，月亮在那里；我不用手指月亮，月亮还是在那里。你指月亮的时候见到了月亮，我不指月亮，我一样也见到了月亮。"

文字就是这根手指，而佛法就是天上明月。

"既见明月在天，何必扬手一指！"

孔明呆呆地看着朱武。朱武进一步给他解释。

你并非一个做学问或者写书的人，你的责任在于完成具体的事。所以，不必非要说出理论来，只要把事情办好就可以了。有道是"理在事中"。能成事就是有理。能把事情办好，就说明你已经把握了其中的理，这就好比慧能禅师讲的，那些能讲道理的人是在用手指月亮，你不善于用手去指，但是你也同样见到月亮了，不必在乎是不是要用手去指它。

做具体事的人就是要有"既见明月在天，何必扬手一指"的从容和自信！

"这个你明白了吗？"

孔明恍然大悟，面露欣喜，说："听朱大哥一席话，让小弟茅塞顿开。"

朱武微笑着点头，说："这一个就叫作明月禅。"

送孔明出门的时候，朱武又嘱咐他："兄弟今非昔比，既然已经做到了中军大将，就要勤勉自励，当初的那些声色犬马之类的东西可是要放下了！"

孔明拿手指指朱武园子里的菜地说："大哥放心，这地里长了菜就不会长草；这人心里装了正事，就不会有邪念。小弟有数了。"

孔明的悟性很好！

 吕方得病

梁山最受欢迎的食品是什么？是干肉烧饼。众家兄弟遇有巡山哨探、外出公干、行军打仗，一定随身多带此物。这东西不容易坏，又当饿又方便而且味道不错，四季皆宜。

不过平时在山寨里大家是不吃的。有酒有菜的，谁也不吃得这么简单。

这日，轮朱武巡山，朱武领了大令顺道来曹正处定做些干肉烧饼。在曹正处遇上了小温侯吕方，他也在定干肉烧饼。朱武很奇怪，因为今天巡山的头领里没有他。吕方看出了朱武的疑惑，就解释说自从做了这个大总管，诸般事情，大大小小，头绪太多，忙碌起来就没办法停下来。买些干肉烧饼为的是让三餐方便省事些。曹正边包烧饼边插嘴道："吕方兄弟这些天可是我的大主顾，天天光顾，一天不漏。"

朱武看了看吕方气色，额头发暗，嘴唇干裂，明显是阴气不足、阳气过旺的征兆，就嘱咐他："贤弟，事情要做，也要保重身体啊。少熬夜，吃点好的。"

吕方点点头，匆匆地走了。

曹正看着他的背影赞道："真是一个能干的！"

朱武的担心变成了现实。才隔了四天，朱武在路上遇到赛仁贵郭盛，见他一副行色匆匆的样子，朱武就问他出了什么事。他告诉朱武上午开会的时候，吕方当场晕倒了，他忙着去抓药。

下午，朱武约了几个人一起来探望小温侯。

他们到的时候，宋大哥和吴军师刚走。吕方的气色比朱武上次在曹正处见到他时还差些。

朱武问他："兄弟如何打熬成这般样子？"

不等他说话，郭盛抢着说："这几日山寨在筹备英雄排位的大会，别人都是轮流加班，偏偏他连轴转，困了就案头打个盹，饿了就吃些干肉烧饼，没日没夜地折腾了三天，就是铁打的人也受不了啊！"

朱武叹口气，说："吕方兄弟这么拼身体可是不对。有道是细水长流，把本钱拼光了，后悔也晚了！"

吕方感激地一笑，说："谢谢朱大哥关心。小弟也知道这个道理，只是时间紧迫，责任重大，诸多事情不容有分毫差错。山寨把这副担子交给我，小弟哪敢懈怠啊。"

朱武见他这样说，也只好点点头。

众人坐了一会儿，各自说了些安慰和叮嘱的话，都起来告辞。朱武也起身，和大家一起走出来。等众人纷纷上马离开了，朱武扯了扯郭盛，道："郭贤弟且随我回去，有要紧话和吕家兄弟说。"

吕方见朱武去而复返有点惊讶。

朱武笑道："赠人以财货不如赠人以言。我今天给吕兄弟带来的东西还没有亮出来呢，怎肯先走？"

"哦？"吕方在病床上坐直了身子，"不才愿听朱大哥教诲。"

朱武摆摆手道："也不是什么教诲，只是几条切身的感受，说出

来对吕兄弟或许有些用处。其实就是八个字，叫作'详思约守、经分纭合'。"郭、吕二人同时瞪大眼睛看着朱武，等待下文。

朱武就把这八个字的要领讲出来。

一个人身处领导位置，责任重大、事务繁杂，如何来行动呢？其实就是这八个字。

做好领导工作的技巧之一：详思约守

"详思约守"说的是：身为领导，首先要善于谋划，把事情的方方面面考虑周全。古语说得好："凡事预则立，不预则废。"预的要领是设定目标、明确代价和利益点、把住关键指标、提前沟通分解任务、配置资源，同时明确赏罚对策，周知众人。在规划过程中尽量做到简单清晰，普通事务尽量简化成三个步骤，一般的决策尽量只定上中下三套方案，不求完美，但求满意。

不过谋划的周全不代表所有的工作都要自己亲自上阵。做领导的，最紧要的不是自己去干，而是调动别人去做。所以在详思以后，需要的是约守，就是说只要抓住最重要的几个环节就可以了，其他的都可以授权给下属去做。领导自己忙碌未必是好事，能让下属忙碌起来，自己只做最重要的、下属做不了的事情，这样才是合格的领导。比如任免干部、协调各部门关系、争取外部资源、掌控大方向这类工作，是要领导自己出手的。其他的事情完全可以授权下属。

管理的真谛就在于能够调动别人来完成预定目标。所以不会授权的领导自己忙，会授权的领导别人忙。授权是十分必要的，但是需要注意的是，授权不是交权。授权的过程中，有一些基本的问题要处理好，否则就会适得其反。

授权的要害有三条：

一是要会"画圈"。也就是授权的时候，要给下属讲清楚这个权力在多大范围内、多长时间里有效，能调动多少资源。

授权的技巧：画圈、画饼、画叉

二是要会"画饼"。告诉下属，做好了有什么前景，给予什么奖励，完不成有什么后果。

三是要会"画叉"。这是最要紧的一项。授权之后，还要随时监督，约定重大事项需要上报，对于关键环节要保持否决权。这些环节包括方向调整、关键岗位人员安排、重要资源调配、考核机制变动、对外宣传等。

所以，好的领导在授权的过程中就好像是驾驭一匹骏马，缰绳收得太紧不行，马跑不起来；放得太松也不行，马会跑偏。只有把握上边三个要点，才能做到收放自如，直达目的。

"那'经分纶合'又是什么意思呢？"吕方问。

见他二人听得有兴致，朱武讲得也有兴趣。

朱武取来了一个水杯，信手抓起窗前花盆里的几块卵石放进去，然后问吕方："这个杯子是满的吗？"吕方摇头，说："还可以放碎石子。"朱武转向郭盛，说："放了碎石子以后算是满了吗？"郭盛说："还可以放沙子。"朱武又问二人："那么还可以放什么？"吕方说："还可以灌水。"

朱武点点头，问："请二位想一下，如果我把顺序倒过来可以不可以？"

两个人都很肯定地摇摇头。

朱武放下水杯，把里边的道理讲给他们。

做好领导工作的技术之二：经分纶合

日常安排日程，就像是往杯子里装东西。先装满大的卵石，后边还可以装碎石、沙子和水。如果先装满小沙子，那么大卵石就根本装不进去了。

所以在日常安排工作的时候，一定要先安排大事。每天要立三事，就是要在众多的日程中，选择最重要的三件事情优先安排。之后，再由大到小逐步安排。

安排日程的要领是，每天不可能只做一件事情，一定是每天做好几个事情，各个事情同时进行，把一天分成若干段，这叫作"经分"；同时，很多要事大事也不可能一天之内做完，需要每天前进一点儿，把若干天的片段联合起来才算完成，这个叫作"纶合"。

"经分纶合"是一个管理者的基本功，这方面做扎实了，效率就会大大提高。

在经分纶合的过程中，一定要形成几个重要的习惯。

（1）集中一些时间专心致志做重要的事情，有效率的一小时等于低效率的三小时。

（2）立三事，每天都有一个时间日程，列出要事清单。

（3）凡事都定一个最后期限，并且提前做规划，分阶段实施。

（4）整理好内务，桌面保持整洁，做完事立即归档，善于使用便条和备忘录。

（5）随时记录自己的思路和灵感。

（6）调动助手做一些次要的工作，节省自己的时间和精力。

（7）保持良好的生活习惯，合理饮食、充足睡眠。

减轻压力、提高效率还有一个要点，就是要学会拒绝别人，尽量避免干扰。

郭盛忍不住道:"这一点最难,别人来相求时,拒绝了怕伤和气,不拒绝又耽误要紧事情。"

朱武点点头,就把拒绝的三个基本要领讲出来。

(1) 承认感受,拒绝要求。别人来求你帮忙的时候,你要表示出对人家的关切,理解对方的心情,说自己做不到的时候,不要忘记真诚地表示遗憾。

拒绝的基本要领

(2) 言语温和,态度坚定。在拒绝的时候,应该丝毫不拖泥带水,从而减少纠缠和误会,但是一定要使用温和的辞令,避免生硬和挑衅的语言。

(3) 解释原因,提供建议。在说不行或者不能的时候,不要忘记把自己这么做的原因认真地解释给对方听;同时,可以给对方一个建议,比如找别人帮忙、推迟截止日期等。

一席长谈,说得吕方、郭盛频频点头。朱武三人谈得很投机。

郭、吕二人想请朱武把"详思约守、经分纶合"八个字当场写下来,朱武点头答应。郭盛就去准备笔墨纸砚。正这时候,中军旗牌带了大令来到,说是宋公明头领请朱武有要事商议。朱武见他带着大令,知道事情一定非同小可,不敢怠慢,就连忙别了郭、吕二兄弟,匆匆赶往宋大哥寨中。

欲知后事如何,请看下回"英雄排位"。

本回提要：
如何安排干部、驾驭能人的要领、领导者要处理好心术与治术的关系、智者的自我管理、成功者做事的尺度

第十二回 英雄排位

上回说到朱武奉了宋大哥军令,匆匆赶往他的寨中。等朱武到时,迎面宋大哥正送两个人出来,一位是军师吴用,一位是河北玉麒麟卢员外。朱武和二位打了招呼就随宋大哥往寨中走。分别的时候,吴军师含着笑,意味深长地看了朱武一眼。

进屋落了座,朱武注意到宋大哥的眼睛也熬得红红的。

宋大哥看朱武端详他,把手挥了一下,说:"贤弟,这两日在商议众家弟兄排座次的事情,一熬就是四更、五更的天色,把脑子都快熬混了。幸好有这东西!"说着话,宋大哥从桌上捏起一个小瓶子,晃了晃,"安神医特制的玉露养气丸,对付熬夜很见效果的。回头我送一瓶到你寨里去。"

朱武忙欠身说:"有劳哥哥关照,我倒是用不着这个,有壶酽茶就对付了!"

宋大哥一笑,吩咐贴身的小喽啰道:"别愣着,快给朱头领上茶,酽着点沏。再把萧让才从东京带来的内府点心上两盘来。"

看着朱武吃了半块点心以后,宋大哥才把话转入正题。原来,这几天,宋大哥稳坐中军,一拨一拨地见人、谈话,山寨排座次的事情已经进行得差不多了。在出正式名单前,个别的还想听听朱武的看法。

宋大哥笑呵呵地说:"朱贤弟智谋过人,独具慧眼,这座次的事情我很想听听你的看法。"

朱武再次欠身离座,感谢宋大哥的厚爱。寒暄完了,朱武转过话头问:"宋大哥在安排上有什么犯踌躇的吗?"像这类大而紧要的话题,朱武的经验就是具体事情具体分析,尽量从事实开始、从问题开始,这样比较容易把握。

宋大哥说:"贤弟以为关胜与林冲两位,该如何安排先后呢?"

朱武是提供建议的，说白了就是个咨询顾问。提供这种面向客户的咨询时，有三个原则要把握住：一个是面向需求，人家要求什么，就给提供什么，不越界，不跑题；二是面向问题，要本着解决问题的态度提供咨询，对存在的问题既要有分析，更要有解决的办法；三是面向发展，如果对方要求不多，问题也还不明确，在这样的情况下提出咨询请求，那么就要研究他的发展，站在未来发展的角度审视现在，从而找出讨论点和改进点。

提供咨询的原则

咨询最忌讳的是大而化之，从理论到理论，空对空。

朱武想，宋大哥肯定对很多问题已经有了基本的答案，朱武是个提供参考的角色，最多是个起到提示答案的角色。扮演好这个角色，基本的想法是多讲思路，提供分析工具和框架，引导宋大哥自己确定答案。

思路一定，朱武就开口讲出了自己的主张。

排位是大事，不但是头领个人的事情，而且事关梁山形象，关系到梁山声名。排位的时候要综合考虑四个方面的因素：能力、贡献、名气和背景。各个头领位次的前后也可以按照这样的视角来进行考察。比如关胜和林冲二人，能力上差不多，就看其他三点。林冲上山早些，但是关胜是关老爷的后人，背景深厚，天下武林人士，哪个不景仰关老爷，梁山推崇这样的人物，本身就增添了梁山在江湖上的威名。

朱武说到这里，顿住话头看着宋大哥，宋大哥微然一笑，捋着胡须说："朱贤弟所言有理，宋某有数了。"

笑谈英雄

第二天,宋大哥再次把朱武请了过去,这次地点换在了聚义厅。人物除了宋大哥,还有卢员外、吴军师。

朱武见领导齐聚,知道这一次是最后商定人事安排了。

吴军师先开了话头。

干部安排的三条线:座次、职务、待遇

原来山寨在众家兄弟的安排上,准备采取三条线的方式:

一是座次——级别代表着地位高低,座次安排主要看贡献、名望、资历,但是座次不决定权力,座次只是荣誉,受尊重不管事情。

二是职务——职务是权力,安排职务主要看能力倾向和态度表现,拥有了某个职务就可以掌握有关方面的决策权,要负责任,管人管事。

三是待遇——待遇是利益,对于一些历史上有贡献、工作态度认真但是能力有限或者不适合担任高级职位的人员,要给予一定的待遇。

朱武连连点头,这实在是一个好的方案。在现场朱武提了两个人。

一个是裴宣,从资历和名望上看,裴宣是小字辈,不会排很靠前的座次。但是从能力和工作态度上看,梁山找不出第二个人可以代替他主管赏罚了。所以,考核赏罚的中军大权还是要放在裴宣这里。这就是古人说的"用而不崇、重而不尊"。有权力，地位不高。

朱武提的另一个是鼓上蚤时迁。时迁技艺是一绝。不过，这个技艺是偷。沾了偷字，山寨肯定不能把他排在前边，无论他资历如何，贡献怎样，因为座次是山寨的门面，不能把偷盗作为门面，所以时迁的座次肯定要靠后。而且他没有统领之才，职位上也不会安排专门的权力给他。不过，他确实是专家，确实对山寨有过大功，而且今后还需要继续发挥他的作用。在座次和权力上亏着他了，不能在待遇上再亏了。山寨对时迁这样的人物，一定是待遇优厚、爱护有加的，绝不会低于36位天罡星。

卢员外听朱武讲完，抚掌道："朱贤弟讲得透彻，就是这般道理。"

宋大哥当即传令请另外两位头领前来，他们是入云龙公孙胜和大刀关胜。时间不长，两位到齐。宋大哥正襟危坐，宣布现场讨论各位头领的座次和职位安排，形成决议，三天后召开英雄大会。

朱武打量了一下现场的几位，除了宋大哥、卢员外这一、二把手，其他的几位在安排上确实颇具匠心。

吴军师、公孙先生、关胜和朱武，他们四个人都属于核心决策班子成员。不过，在角色安排上却各有不同。

公孙先生属于有丞相之职、无丞相之权，位置放在那里了，但是凡事都是吴军师主持，他居于军师之后，很少参与。这个叫作"重而不用"。

朱武属于有丞相之权，无丞相之尊，凡事都能参与，甚至也能主持，但是位置很特别，只是参赞，没有正式名分。这个叫作"用而不尊"。

关胜属于有丞相之尊，无丞相之职，只是位置在那里，却没有赋予相关的职权。这个叫作"尊而不重"。

只有吴用是个全面的，既用又重且尊。这就是宋大哥高明的

"用人四策"吧。

会议一直开到东方天空晨曦微露才结束。众家兄弟都各有安排，而且都是精细调整的，为的是求个皆大欢喜的局面。

散会以后，宋大哥专门又留下了公孙先生。朱武知道里边的奥妙。

人意不如天意，宋大哥为了增加这份安排的权威性，需要借助公孙先生的法力了。果然，后边就导演了开天门降天书的好戏。

终于完成了梁山的一件大事，心中不由产生一种如释重负的感觉。虽然熬了夜，但还是很兴奋，没有什么困意。卢员外看来也和朱武有同样的感受。出了聚义厅，他非要拉朱武去他那里说话。朱武推辞不过，就依了他的主意。

清晨时分，水泊上弥漫着薄薄的雾气，太阳光从东边照过来，给这些雾气涂上了淡淡的胭脂红，很是好看。

一艘小舟载着卢员外、燕青和朱武在清晨的水面上轻快地滑行。

卢员外深深吸了一口合着水雾的空气，然后又重重地吐了出来，一脸轻松的笑容："这次总算大功告成，把排位这个最头疼的事情解决了。"

朱武接茬说道："虽然是大功告成，但是，后边却还少不了下文的。"

"哦？"员外不解地问，"此话怎讲？"

朱武就把自己的想法讲了出来。

成功者就是在胜利之后还有下文。目前梁山虽然顺利地解决了108位干部的排位难题，不过后续的工作依然很紧要。梁山是一个能人团队，好汉辈出。对这些人，既要管住他们的人，还要收住他们的心。这是一个比排位还要难做的大文章啊。

燕小乙轻快地一笑说："军师高见，不知该如何来管呢？"

其实，管住能人的要领就四个。

一是能力强的人要破格任用，至少要给一个未来的前途。他能力强，你要让他发挥作

驾驭能人的四个要领

用，承认他的本领和贡献。能人都希望展示自己的特长，让别人承认。该提拔的要提拔，可以按照前边座次与职权分开的思路，对于资历比较浅的人士，可以先不必给予那么高的地位，但是一定要给他职权，让他有展示自己才能的舞台。如果暂时无法正式任命，至少要承诺给他一个稳定可靠的未来安排。

二是能力强的人要满负荷工作，至少口头上要压担子。能人不能闲着，闲则生怨，闲则生事。能人闹事一定都是大事。要避免出现类似情况，最好的办法就是让能人有事情做，忙起来、动起来。如果眼前实在没有合适的事情可以让他做，那么至少要口头上压担子给他，让他感觉自己是有事情可做的，领导和同事们的期望是殷切的。

三是能力强的人要戴紧箍，至少要抓一根辫子在手里。能人本事大、脾气大、能量大，一旦出了问题，会造成严重后果。所以要防患于未然。管理就是要首先防止最坏，其次才追求最好。对于能人，一方面要给机会、压担子，另一方面也要进行制度约束，仅有道德信任显然是不够的。既然管就要管到位。

四是能力强的人要指教他做善事，授权他做能事。从古到今，能人下属有三忌：功高震主、才大压主、权大欺主。作为领导，要始终把能人置于自己的管辖之内。要主动地指导和命令能人多做善事、好事，多奉献，在他有了一些成绩之后，要及时表扬，亲自出面给予嘉奖。这样，大家都会说他是在领导的安排下做的好事。能

人有才华，要让他做事情、做贡献，不过要把握好尺度。在授权的过程中又收又放，临时授权多于长期任命，授权的过程中也是"画圈、画叉"结合进行。这样就可以防备出现功高盖主、权大欺主的现象。

卢员外听得兴起，追问道："管住了人，那如何收住心呢？"

朱武把脸转向燕青："这个，我想听听小乙兄弟的高见。"

燕青把眼前酒杯里的酒吱地一口干了下去，抹抹嘴说："军师抬爱，我就讲一个。不过在下不懂谋略，就只好从俗人俗事上讲起了。"

燕青再次表现了自己的机敏，他的观点把卢员外和朱武全逗笑了："留住核心成员像锁定女朋友。"

留住核心成员的四个要领

第一是要超脱物质，注重精神。超越了才能超脱。首先要保证平均水平以上的物质待遇。有了物质待遇，同时要注重精神满足，激发对此份事业的喜欢，在这种喜欢中能找到实现自我的快乐。还要有感情投入，物质能力是有限的，但关心可以是无限的，所以面对对方的困难，要给予有限的解决和无限的关心。

第二是要分享体验，同甘共苦。所谓有感情就是有回忆，所以感情可以创造，只要有共同的回忆，就一定会慢慢培养出感情。对于核心员工，要让他们对团队有依恋，就一定要把团队成长中的酸甜苦辣和他们分享，大家一起克服困难，一起体验成功，让他们的生活与团队的成长融合在一起。

第三是要描绘未来，指明方向。期待是一种力量。没有了对未来的期待，那么现时也就变得没有意义了。眼前越是困难，越是要描绘出共同的美好未来。不但要描绘未来，还要讲明他的努力对于实现美好未来的重要意义。

第四是激发投入，鼓励创造。共同养一个孩子对于双方感情的稳定和持续发展是十分重要的。对于核心员工，要创造条件，让他们能做自己喜欢的工作，创造自己的事业成果。这样，当一个组织和一份事业终于连在一起的时候，他的忠诚度就会大大提高。物质条件千差万别，有的人满足，也有的人不满足。高忠诚可以让不满意变成前进的动力，低忠诚则让不满意变成离开的动力。所以，技艺高超的领导者一定要十分善于维护和发展下属的忠诚。能否有效进行忠诚度管理是检验一个领导驾驭下属能力的标志。

卢员外赞许地看着燕青，不停地点头。自从得到了提拔以后，燕青的成长确实让人惊讶，卢员外对他的信任与依仗也与日俱增。

回来的路上，卢家父子情绪很高，显得很兴奋。而朱武却高兴不起来。朱武在担忧着另外一件事情。

领导心术

山寨的英雄大会终于如期举行。

排位连同职位任命一一公布，欢声雷动，群情振奋，皆大欢喜的目的是达到了。朱武自己也被排在七十二地煞星之首。

晚上在聚义厅大摆筵席。只见聚义厅里灯火通明，众家弟兄推杯换盏，盛况空前。朱武不十分喜好凑热闹，吃了几轮酒，就借故悄悄溜出来。

朱武一边走一边想心事。山寨的大局已定，诸事稳妥。朱武所担心的一件事是众人都没有想到的,而且也是不能让众人知道的。

山寨对众兄弟都做了很好的安排,既有分工也有合作;既有责任也有义务;既有激励也有约束;唯独对一个人安排得不充分。这个人不是别人,就是大头领宋公明哥哥。

在萧让写的《告天下英雄书》里,总结了宋大哥的若干优点,如忠肝义胆、智勇双全、胆识过人、雄才大略等。这些朱武确实在宋大哥身上都看到了,朱武相信梁山没有第二个人比宋大哥更合适做一把手了。

可是,宋大哥不是神仙,他也是凡人。浔阳江上他害过怕,祝家庄前他犯过愁,郓城县里受过贿赂,青州城外杀过无辜,阎婆惜令他六神无主,黄文炳让他火冒三丈。一路走来,诸般凡夫俗子的弱点,宋大哥一一具备。

他们选了凡人宋大哥做头领,而不是神仙宋大哥做头领。尽管他可以自我控制,尽管他会一贯英明,但是难保偶尔也会出些差池。别人出了差池都有救,因为制度设计中提供了约束机制和否决程序,可偏偏在梁山最要害的位置上,宋大哥一旦出了差池,没有任何约束机制和否决程序可以使用。

古往今来都是好人政治、能人政治。头领英明无私,组织一帆风顺;可是头领一旦在道德上或者战略把握上犯了错误,整个组织就要蒙受重大损失。

如何约束一把手,防备道德风险和战略导向失误,这个问题并没有解决。而且看今天众弟兄对宋大哥的一片赞誉之声,朱武知道,今后这个隐患会变得越来越严重。

只能祈祷上苍保佑了。但愿宋大哥是好人中的好人,能人中的能人,永远不出差池。

想到这里,朱武不由自嘲地一笑。因为朱武知道,他这是在做梦。

一把手给众英雄安排了座次，谁来认真安排好一把手呢？

朱武边想心事边走，不知不觉来到了水边的小厅。酒宴的喧嚣声逐渐远去，眼前是月色下的浩浩水泊、习习凉风，心情不由为之一爽。

正在轻快间，朱武猛然见一黑影独立草厅中，仔细一看，却是大头领宋公明哥哥，朱武愣住了！

宋大哥见是朱武，轻松一笑，说："是朱武贤弟啊。酒席上吵闹，偷闲出来散散心，透口气。"

朱武回过神儿来，说："我也是偷空出来透透气的。"

说话间，小喽啰把灯挂上了，在草厅木桌上摆了清茶。

宋大哥兴致很高，顺口吟道："壬戌之秋，七月既望，苏子与客泛舟游于赤壁之下，清风徐来，水波不兴。少焉，月出于东山之上，徘徊于斗牛之间，白露横江，水光接天……"

朱武知道宋大哥吟的是时下非常流行的苏学士的大作《赤壁赋》，就赞道："宋大哥好兴致啊！"

他道："是见了你这样的雅士才有这样的雅兴，来的要是黑铁牛，我怕不是想到吃酒就是想到赌钱了，哈哈！"

朱武也跟着笑了。

信口谈了几句笑话，宋大哥收住了喜色，换了一副比较严肃的神态说："朱贤弟，这几天愚兄在读古书。不知贤弟对韩非子提的治术做何评论呢？"

韩非子朱武知道，他是战国时韩国的贵族，生活在战国末期。在他生活的那个时代，各国都进行过变法，中央集权的政治制度和法制制度都已经粗具规模。韩非子的老师是儒学大师荀子。韩非子口吃，不善于言谈，在游说之风盛行的时代这是制约个人发展的巨大阻力。韩非子忧国忧民，有着强烈的忧患意识和民族危机感，屡次向韩王上书，要求改革，但意见均未被采纳。于是他发奋写作，写出了《孤愤》、《说难》、《五蠹》、《内外储》、《说林》等几十万字的文章，提出了一套完整的法、术、势的理论。后来秦王嬴政读到了韩非子的文章，非常赞赏，为了得到韩非子就发兵攻韩。于是韩王就派韩非子出使秦国，这样韩非子就到了秦国。在秦国，韩非子不但向秦王讲解自己的学说，还劝秦国攻打赵国保存韩国。这一观点为李斯、姚贾等人陷害韩非子提供了口实，使得很敬重韩非子的秦王也产生了疑心，于是把韩非子投入狱中。不久韩非子在狱中被毒死了。

领导需要使用的"七术"

韩非子非常重视"术"的作用，他提出了领导者需要使用"七术"，分别是：（1）众端参照，就是通过多方面的观察来验证臣下的言行；（2）必罚明威，就是一定要惩罚那些犯错误的人来树立威信；（3）信赏尽能，就是在奖励方面一定要守信用，鼓励那些有才能和取得成果的人；（4）一听责下，就是一一听取臣下的意见然后进行评判；（5）疑诏诡使，就是指君主表面上和一些人亲近，让他们长期在自己身边工作，但是不给他们任务，别人感觉这些人是受了秘密指令，所以做坏事的人就会害怕，心里疑心不敢胆大妄为；（6）挟知而问，这是考察下属的忠诚度的有效手段，就是用已经知道的事情来询问下属，看看下属怎么说，用以对照核查下属的态度，从而举一反三地了解许多隐情；（7）倒言反听，就是本来想说一件事情，但却说一个与本意相反的事情，以获得下属的真实态度。

历来人们对"术"的评价褒贬不一。有人认为是阴谋诡计、小人龌龊伎俩，有人则认为是治理国家、统御下属的有效工具。今天宋大哥给朱武提出这个问题，看来他也是在权衡这两方面的意见了。

朱武觉得这是个进言的好机会，于是就把自己早想过的一些话说了出来。

其实所谓的"术"可以分为两类：一类叫作治术；一类叫作心术。治术是应对外人的；心术则是看护自己的。心术是个人的道德
修养和行为作风；治术是为人处世的技巧和谋略。显然，心术是治术的根基，心术是本质，治术是工具。

心术正的人，使用治术就显得游刃有余、左右逢源；心术不正的人，即使精通谋略，也难免作茧自缚、自取灭亡。这就好比是骑马要有根缰绳，有了这根缰绳，就能驾驭烈马，日行千里；没有这根缰绳，上了烈马只能摔得很惨。

古往今来，很多自以为聪明的权臣小人，玩弄手腕、机关算尽，最后还是没落个好下场，就是因为他们没有一个好的心术。

当年，李世民刚刚得天下的时候，有大臣建议他清理身边阿谀奉承的臣子，并且提供了一个很有谋略的办法，就是假装很严厉地坚持一个错误的观点，然后让大臣表态，那些据理力争的就是忠臣，那些随声附和的就是奸臣。李世民听完这个建议后，当场给予了回绝。他的观点是，领导是标杆、下属是影子，领导是盘子、下属是盘中水。杆子直影子就直；盘子圆水就圆。使用欺诈的手段，只能起坏作用，不会起好作用。

这就是历史上著名的"李世民不以诈术辨忠奸"。

在这个典故里,可以看见唐太宗的心术是比较正的。他遵从四个字:一是"仁",他心存宽厚,不愿意用欺诈手段去威胁别人;一个是"和",他重视自身的表率作用,注意维护团结,对人诚信为本;一个是"止",他知道什么可以做,什么不能做,自己行动的界限在哪里;一个是"静",他能冷眼看待别人的建议,独立思考,认真评判,不草率、不盲从。

领导心术:仁和止静

其实心术也就这么四个字,叫作"仁和止静"。

前两个字说的是修养。

"仁"就是心存善念,"和"就是不走极端。"仁"、"和"加在一起就是指"宽厚能容,与人为善"。

后两个字说的是作风。

"止"说的是要有大局观,抓住要领,有所不为。一个领导者的大局有两处:

第一处叫作"三要"。一要利民,就是要时刻想着让众人受益,让大家有好处,让百姓有实惠;二要敬士,就是要给做贡献的中坚力量以应有的待遇,赏罚分明;三要用才,就是做事情要选合适的人,择人任势,人尽其才。孔子说这三条是大节,大节定了,在其他小事情上有些过错也不失为一个出色的领导。大节把握不住,在其他的事情上再努力也是枉然。

第二处叫作"五忧"。要忧贤才,看看自己是不是选拔了合适的人才,是不是给了人才应有的待遇;要忧决断,看看自己的决策是不是正确,战略方向对不对,有没有风险防范措施;要忧谋略,看看自己有没有好的方式、方法来组织实施，遇到困难的时候能不能顺利解决；要忧众寡，看看分配是不是公平，大家的意见和要求是什么，能不能满足；要忧德行，看看自己的行为是不是符合道德标准，能不能令大家佩服。

"静"说的是要把握住自己的情绪，进而控制自己的行为。

"静"的要领是"见利不动，遇事不慌，半只冷眼，一颗素心"。一个好的领导者要有静气，遇到大事件的时候，要稳住心神，压住阵脚，这样下属们的心神才能稳定，局面才不会乱；而平时没有事的时候，则要兢兢业业，以认真的态度对待每一件事情，这样下属做事情才能够不松懈、不荒废。这叫作"以有事之心处无事，以无事之心处有事"。平时待人接物，首先要冷静，保持一颗平常心，不急不躁，能从局外人的角度冷眼评价一切。只有这样才能稳住大局不犯错误。

能做到"仁和止静"的程度，那么一个领导者的心术就可以说是完整了，这个时候再去驾驭那些五花八门的治术谋略，就可以得心应手、顺理成章了。

一番道理说得宋大哥频频点头。不知不觉明月偏西，夜色渐深，前山那边的宴席也散了。

分别的时候，朱武特意推荐了苏学士的父亲苏洵写的《心术》给宋大哥。他非常感兴趣，再三嘱咐朱武抄录一份给他。朱武就抄录了一份。

为将之道，当先治心，泰山崩于前而色不变、麋鹿兴于左而目不瞬，然后可以制利害，可以待敌。

苏洵的《心术》

凡兵上义，不义，虽利勿动。非一动之为害，而他日将有所不可措手足也。夫惟义可以怒士，士以义怒，可与百战。凡战之道，未战养其财，将战养其力，既战养其气，既胜养其心。谨烽燧，严斥堠，使耕者无所顾忌，所以养其财；丰犒而优游之，所以养其力；小胜益急，小挫益厉，所以养其气；用人不尽其所欲为，所以养其心。故士常蓄其怒、怀其欲而不尽。怒不尽则有余勇，欲不尽则有余贪。故虽并天下，而士不厌兵，此黄帝之所以七十战而兵不殆也。不养其心，一战而胜，不可用矣。

凡将欲智而严，凡士欲愚。智则不可测，严则不可犯，故士皆委己而听命，夫安得不愚？夫惟士愚，而后可与之皆死。

凡兵之动，知敌之主，知敌之将，而后可以动于险。邓艾缒兵于蜀中，非刘禅之庸，则百万之师可以坐缚，彼固有所侮而动也。故古之贤将，能以兵尝敌，而又以敌自尝，故去就可以决。

凡主将之道，知理而后可以举兵，知势而后可以加兵，知节而后可以用兵。知理则不屈，知势则不沮，知节则不穷。见小利不动，见小患不避，小利小患，不足以辱吾技也，夫然后可以支大利大患。夫惟养技而自爱者，无敌于天下。故一忍可以支百勇，一静可以制百动。

兵有长短，敌我一也。敢问："吾之所长，吾出而用之，彼将不与吾校；吾之所短，吾蔽而置之，彼将强与吾角，奈何？"曰："吾之所短，吾抗而暴之，使之疑而却；吾之所长，吾阴而养之，使之狎而堕其中，此用长短之术也。"

善用兵者，使之无所顾，有所恃。无所顾，则知死之不足惜；有所恃，则知不至于必败。尺棰当猛虎，奋呼而操击；徒手遇蜥蜴，变色而却步，人之情也。

知此者，可以将矣。袒裼而按剑，则乌获不敢逼；冠胄衣甲，据兵而寝，则童子弯弓杀之矣。故善用兵者以形固。夫能以形固，则力有余矣。

意思是说：

当将领的道理，首先应当培养智谋胆略，即使泰山在面前崩塌，也要脸不改色；麋鹿在前面突然出现，也要眼睛不眨，这样才可以控制战争形势有利与不利的变化，才可以应付敌人。

大凡用兵，应当崇尚正义，如果不义，即使于我有好处，也不轻易举动。并不是一动就会造成失败，而是怕将来会弄到手足无措的地步。只有正义才能激怒士卒，当士卒激起义愤时，就可驱使他们百战而不殆。一切战争的道理是：战前要积蓄财力物力，临战时要养精蓄锐，战争打响后要鼓足勇气，胜利后要保持斗志。谨慎地做好警报工作，严密地做好侦察瞭望工作，使得耕种者一心生产，用这来积蓄财力物力；给士兵丰厚的给养，使他们得到休息，用这来养精蓄锐；打了小胜仗不松劲，吃了小败仗更要加强训练，用这来提高士气；用人时不要一下子满足他的欲望，用这来保持其斗志。所以，用兵就是要使士兵常常胸怀义愤，心中有欲望而总不满足。义愤不能全部爆发就勇气十足，欲望得不到满足就会继续追求。所以即使统一了天下，而士兵仍不厌战，这就是黄帝经历了七十多次战争后，他的士兵依然斗志不衰的原因。如果不保持斗志，只要打了一次胜仗，这军队就用不得了。

凡是做将帅的，必须足智多谋而又威严；当士兵的，应当愚昧一点儿。足智多谋使人感到高深莫测，威严使人感到凛然不可侵犯，因此就能使士兵都紧跟将帅而听从号令。这样，怎么不要求士兵愚昧一点儿呢？只有士兵愚昧了，将帅才能够与他们同生共死。

凡是军事行动，必须了解敌方的主帅，了解敌方的其他将领，然后可以进行冒险行动。邓艾用绳索挂着士兵翻山越岭，偷袭蜀国，如果不是刘禅的昏庸，那么百万大军就会束手被擒，邓艾本来就是觉得可以轻视他们才冒险行动的。所以，古时候贤明的将帅，既能

以自己的兵力去试探敌人,又能以敌人来检验自己的军队,因此,可以决断自己军队的行止。

担任主将的法则是:必须通晓事理后才可以起兵,了解作战形势后才可以打仗,知道节制后才可以指挥军事。通晓事理则理不亏,了解作战形势则能保持不败,知道节制则不会陷入困境。见了小利不发兵,见了小患不避让,因为这些小利小患,不值得我施展才略。只有这样才能对付大利大患。只有留一手而不轻易施展本领,才能无敌于天下。所以一个忍字可以对付各种轻率的勇猛,一个静字可以镇定各种轻举妄动。

军队各有长处及短处,无论是敌军或我军都是一样。那么请教:"我军的长处,我拿出来发挥它,但敌军不与我较量;我军的短处,我掩藏起来搁置一边,而敌军却偏要与我较量,怎么办呢?"回答说:"我军的短处,我把它显眼地暴露出来,使敌军疑虑而退却;我军的长处,我暗中藏起保护起来,让敌军轻率大意而落入我的圈套,这就是善用长处及短处的策略。"

善于用兵的,要使士卒既无所顾恋而又有所依赖。无所顾恋,就知道死不足惜;有所依赖,就知道不至于一定失败。手中有了短棍,碰上猛虎,就会大声喊叫,用棍去击虎;两手空空,遇到一条四脚蛇,也会吓得脸上变色而后退。这是一般人的通常心理。明白这个道理,就可以带兵了。脱掉上衣露出胸臂而手执利剑,则连乌获也不敢逼近;戴着头盔,身穿战甲,却靠着武器睡大觉,那么连小孩也能弯弓射箭把他杀死。所以善于用兵的人能利用形势来巩固军队的阵容。能够利用形势来巩固自己,那么战斗力就会无穷无尽。

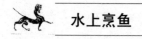

水上烹鱼

排座次之后的一段日子里,因为一直在等正式的任命,朱武基本上处于闲居的状态。每天就是读读闲书、种种花，而且还培养了一个新的爱好——做菜。偶尔樊瑞过来，他们两个就下下棋，凑凑对联解闷。直到现在朱武还记得当时的对子。

深花枝，浅花枝，深浅花枝花深浅；
高塔楼，低塔楼，高低塔楼塔高低。

琴棋书画诗酒花，人间雅趣；
柴米油盐酱醋茶，世道真情。

山青水白风乍起；
道远马迟路难行。

樊瑞开始喜欢吃朱武做的鱼了。他们发明了新的做法，就是在泊里打鱼，然后在船上现做现吃，味道非常鲜美。

樊瑞几次拉公孙先生一起去尝鲜，这天公孙先生终于答应了。他们找了一个大点儿的船趁亮就出发了。公孙先生问朱武习惯不习惯这样的闲居，朱武点点头。樊瑞搭腔道："就这么闲着，好人也闷出毛病了，不知道还要等到什么时候才能有消息。"

先生见樊瑞替朱武发牢骚，微微一笑道："智者要能待时，可知道什么是'待时'？"

朱武摇摇头说："愿听先生高见。"

公孙先生就讲起来。

当年甘罗一十二岁拜相，姜子牙八十一岁受封，人生发达各有早晚，这都是机缘造化的结果。所以孔夫子说："始乎故，长乎性，成乎命。"一个人的才华，开始形成的时候往往是偶然因素促成的，后来的发展壮大全靠个人努力，至于最后是不是有所成，则要看有没有机会。

在没有机会的时候就要学会"待时"。鬼谷子所说的"抵隙"之策就是讲的这个道理。天下万事都不是完美的，都有不足。当不足是很微小的时候，事物就会很平稳，很少发生变化，但是随着缝隙的逐渐扩大，变化就发生了。一旦有变化，就会有新的机会到来。所以"抵隙"之策对人来说就是要把握所学，关注变化，任何一个问题点、矛盾点都可能变成自己的机会。等待时机的过程不能着急。

"那要是没有人来发现，可怎么办？"樊瑞说。

先生摇摇头，说："德不孤，必有邻；才不隐，必有传。"

有修养的人一定会遇到同样的人，彼此互相欣赏；有才华的人一定会遇到钦佩的人，广泛为他传名。人要有这份自信才行。这个就叫作智者不忧！

说话之间太阳已经完全沉落下夫，苍茫的暮色在水上铺散开，慢慢包围了小船。小喽啰忙着处理刚打的两尾大鱼。朱武则挽袖管、扎围裙开始上灶掌勺。公孙先生见朱武的样子不住点头，朱武说："治大国若烹小鲜，现在就是练习练习。"樊瑞提议，三个人每人对"治大国若烹小鲜"做一个解释。

樊瑞的解释是：做菜调和五味，掌握先后，安排次序，正好和治理国家过程中的用人和做事的道理一样。

朱武的解释是：做菜是小事，治理国家是大事，但是大小同理，做大事就是要有一份做小事的心情，举重若轻，保持自信、从容、镇定。

公孙先生却又道出了新的道理：管理智慧的积累完全可以在日常生活中进行，只要有心，身边的小事中一样有治国大道。用心揣摩，细心领会，就能不断进步。过人的智慧往往是在平凡的生活中练就的。

边说边做，不一会儿鱼就好了。朱武为公孙先生斟满了第一杯酒,先生催促朱武和樊瑞也斟满,然后才说:"来!先喝了这杯酒,我还有话说。"

朱武和樊瑞举杯一饮而尽,公孙先生便又讲起新的道理来。

有才华的人往往面临两个考验,一个是要"待时",需要的是"智者不忧"的自信和从容;另一个是要"守位",就是要选择好自己应该扮演的角色,找准位置,需要的是"智者在侧"的敏锐与灵活。

"智者在侧"就是说一个智者要能隐蔽锋芒,学会做幕后工作。这个谋略来自于汉初三杰之一的张良。刘邦说运筹帷幄之中,决胜千里之外,自己不如张良。可见,张良的过人才智是受到广泛肯定的。但是张良很聪明,从来不卖弄。他坚持的一个基本原则就是"不犯口、不犯手"。张良帮助刘邦出谋划策,想了很多好点子,但是他从来不说这是自己的开创,而是托于黄石公的传授,告诉大家自己的点子是老神仙传的,而且专门有一个神奇的故事在里边。这样,既增加了说服力,又减少了猜忌。大封功臣的时候,他主动放弃了特殊待遇,只要一个小小的留地,做了留侯。后来,刘邦要废太子而立赵王,吕后来求张良,张良授意太子去请商山四皓,借助他们四位说服了刘邦,而自己依然居于幕后没有出面。这样做既帮助了太子,也降低了政治风险。这些足以说明他的高明之处,值得后来人细细揣摩。有人说张良是多此一举,这就正如老子说的:"下士闻道,大笑之,不笑不足以为道。"

公孙先生的分析让朱武深深佩服,樊瑞和朱武一同举杯朝他敬酒。

先生谈得很有兴致,酒落肚就继续讲出了第三个问题。

在处理日常工作的时候,必须要保持"显"与"隐"的平衡。

古语说"智者无功"。为什么智慧的人反而不易立功呢?

春秋名医扁鹊有两位兄长,扁鹊经常给人说自己的两位哥哥医术比自己高明许多。可是众人都不相信,因为大家从来不知道扁鹊这两个哥哥的名声,只知道扁鹊。于是,扁鹊就给大家解释说,两位哥哥医术高超,一位能在疾病刚有倾向的时候就把疾病消于无形;一位在疾病刚刚有苗头的时候,就能把疾病根除于萌芽。而自己没有这个本事,只能在疾病严重的时候救死扶伤。

正因为这样,被两位哥哥医治的人外表看起来很正常,大家都没有想到问题的严重,也不觉得他俩的医术高明;而扁鹊自己,由于每次医治的都是病情严重的人,所以人们就认为他的作用更大,从而让他名扬天下。

这就是智者无功的道理所在。连孙子也说:"善用兵者,无赫赫之功。"

不过,他们生活在一个靠印象决定一切的现实中。如果都是大智慧大技巧,把问题消于无形,那么你肯定是一个扁鹊哥哥型的无名者,不会被大家认同的。所以,要把握好火候,有些问题是属于树立形象的,可以采取"不到火候不揭锅"的办法,等待时机成熟了再解决问题。这就是把握"显"与"隐"的平衡。

一番话说得樊瑞和朱武再次恍然大悟。

正在这时,遥见三条船飞驶过来,离近了才看清那三条小船上坐了六位头领,依次是燕青、萧让、裴宣、吕方、孔明、孔亮。相请不如偶遇,大家都很兴奋。

四条小船靠在一起,大家上了一条大些的船,重新摆酒隔船举杯,开怀畅饮。

朱武注意到,这六位头领原是英雄大会筹备组的主事头领,今天他们聚在一起一定是在谈论英雄大会的事情。一问,果然不出朱武所料。英雄大会本想求一个皆大欢喜的结局,不料后来就出了乐和唱歌、李逵骂座的事情,最后搞了个不欢而散。乐和的歌词是萧让写的,便有二龙山施恩、曹正等人向萧让发难。虽然后来由宋头领直接出面平息了此事，不过一股指责英雄大会筹备工作的潮流却暗自形成。先后有险道神郁保四指责旗帜安排有错误，有八面旗帜字体不统一，要求重新再做；神算子蒋敬指责财务支出手续不完整，有漏洞，拒绝报账；菜园子张青和操刀鬼曹正指责宴席管理不严，浪费严重；白日鼠白胜提出怀疑有工作人员利用职务之便，私分宴席专用御酒。所有相关问题都已经写成了报告，上报宋大哥和吴军师，要求追查筹备组主事头领的失职、渎职的责任。

燕青等六个人感觉压力很大，几个人聚在一起正在商议应对之策。

裴宣叹道："要让百人说好，需防一人着恼啊。这英雄会真的是厨师做菜，众口难调。"

孔明委屈地说："没想到没日没夜费了许多心血，最后落了这样一个结局。"

孔亮气道："我等日夜辛劳，一班鸟人坐享其成还专要挑刺，真没有天理。"

吕方叹道："在短短十天内，把这么大一个聚会筹备完毕，没有功劳还有苦劳，没有苦劳还有疲劳吧。最后落得这样个结果，让人寒心啊。"

唯独燕青没有发牢骚，看着公孙先生问道："先生德高望重，山寨中人人景仰，我等正想请教先生，眼下该如何是好？"

公孙先生微微一笑，问道："贤弟，先请你们几个把打算说来听听吧。"

燕青说："我等商量着要写一个节略，对牵连的问题一一申辩，上报给宋大哥。"

先生摇摇头说："这个不是要紧的。"

"那请先生指教，要紧处在哪里呢？"萧让急切地问。

公孙先生微笑不语，却看着朱武。燕青领会，立即说道："还请朱大哥指教在下。"

朱武心想，这个就是公孙先生的高明，"不犯口、不犯手"的策略信手拈来，使得不露痕迹、恰到好处。在宋大哥、卢员外没有表态前，作为新任山寨四当家，在这个场合对于头领的纠纷确实不宜多介入，否则只会起反作用。

于是，朱武接过话头，对着燕青等人把事情的要领讲了出来：

"眼下，向宋大哥申辩确实不是最要紧的。应该说，在短短十天内，把英雄大会办到这样的规模和场面，六位头领功不可没，英雄大会的成功有目共睹。宋大哥、吴军师也是完全肯定的。

"在这样的情况下，即使有郁保四等人来挑毛病，相信宋大哥对六位头领的功劳也会有一个完全公正的评价。所以，根本要紧的事情不是向宋大哥申辩，而是向挑毛病的人以及不明情况的山寨众兄弟说明情况。

"因为，宋大哥站在那个位置上，即使心里对大会工作完全肯定，也不可能在有人挑毛病的时候，当即就亲自出面为六位头领申辩。这样反倒有偏袒嫌疑了。

"宋大哥既然把报告批给各位，意思很明显，就是要各位充分准备一下，把有关情况向众家兄弟做出充分的说明。想来，各位今天的聚会也应该是宋大哥授意的吧？"

孔明点头道："是宋清兄长亲自安排的。"

萧让点头道："兄长透彻，确实是这个道理。"

朱武见他们明白了，就进一步说："因此时下的要紧事情是针对大会筹备写出若干专门的报告，通报给山寨各家兄弟，让大家充分了解真相。这样也就足够了。"

吕方踌躇了一下说："可是对方的指责也并非全无道理，比如旗帜一事就确实是我的安排失误啊。"

见吕方这么说，朱武就进一步开导他。

先贤有云："做大事不求全功，求则必乱。"意思是说，做大事的时候，不可能面面俱到，百分之百把所有的事情都做得滴水不漏，这是不可能的。总要出些小问题，这个都没有关系，天下没有完美无缺。做大事，只要把关键的问题解决了，把主要的目的达到了就可以了。能打八十分就是成功。反观英雄大会，程序严谨，安排得体，周转顺畅，准备充足，完全达到了预期，可以说打九十分没问题。这就是大成功了。在个别无关紧要的小节上出问题，也在所难免，所以大家要用正确的态度来看待这个问题。不能拘泥于个别纰漏，一叶蔽目，不见泰山。

而且，从做事情的技巧来看，需要的也是有主有次，不能眉毛胡子一把抓，一味追求处处完美，那样做就会没了重点、乱了章法，最后反而把事情搞糟。

这就是"做大事不求全功，求则必乱"的道理所在。

一番话让众人面露喜色，燕青说："听朱大哥这么一说，我等心里就敞亮了。"

朱武点点头，嘱咐他们："晚上回去就分头行动，把大会的相关事项作一个总结，再针对具体问题出几个简报，要写明因果，澄清数据，肯定成绩，把如何克服困难完成工作都展示出来。对于确实存在的个别疏漏，要坦然承认，不推脱。这样一定能够获得众家兄弟的认可和敬佩。到那个时候，宋大哥、吴军师再出面为大家说话，也就顺理成章了。相信这样一来，各位不但不会受罚，反而一定会得到褒奖的。"

听朱武说完了话，本来沉闷的六个头领一下子振奋起来，各自举了酒杯朝朱武敬酒。公孙先生和樊瑞也在那里频频点头。

干了杯中酒，孔亮说："对！回去以后，萧大哥要好好写写，把我们受的辛苦都写出来。这十天，大家谁都没睡过囫囵觉，裴宣大哥砸伤了手，吕方大哥抱病工作，燕青大哥拿出自己的银子给小喽啰买酒肉。这些都要写上!"

听孔亮这么一说,朱武放下酒杯说:"不可,不可!"

为什么这些不能写上呢?因为这些虽然是个人付出,却都是家长里短的枝节小事。有道是:"做小事不求全名,求则必辱。"在小事上付出,虽然也是值得表扬的事情,但是如果过分张扬,把这些琐碎都写进正式的简报,一来冲淡了大事,二来显得局促小气,倒会被别人嘲笑,这就适得其反了。

解开了众人心中的疙瘩之后,气氛一下子活跃起来了。

因为公孙先生平日不喜应酬,和大家喝酒的机会很少,所以大家纷纷向他敬酒。公孙先生吃了大家敬的酒,徐徐地说:"各位都是青年才俊,前途无量。我这里有几句话,说出来供各位日后参考。"众人点头。

公孙先生果然大家风范,信口说来,句句锦绣:

"青年人意气风发,遇事张扬外露是常有的。于是就有人劝道,青年人凡事要多收敛,隐去锋芒。其实,人生如春秋交替,春生、夏长、秋藏、冬养,各有主题。少年得意,正是春生夏长,应当奋力求进,张扬锐气,只要不越礼即可,不必过分内敛谦和。否则,在春生、夏长之时,做秋藏、冬养的表现,就是春行秋令,夏行冬令,反为不祥。各位要谨记!"

众人听了这番话,无不赞叹,当即都记在心里。

公孙先生最后说:"众位身居要职,今后要为人表率,统御众人,个人修养也是大事。我尚有一言望各位细细思量。"

场面安静下来,只见公孙先生扬手指向浩渺的水泊,说:"万物之中都藏有大道。诸位看这梁山水泊,老子云'上善若水'。水有五德,值得我辈效仿。"

朱武只在小时读书知道鸡有五德,今天听先生说水也有五德,感到很新鲜。原来,"水五德"是修道的人通过观察水的特性而引申出来的五种人生态度。

"水五德"：

总保持前进的态势；

推动自己也推动别人；

流动中清洁自己；

遇到困难激起百倍勇气；

胸中澄澈映照万物。

那夜，酒喝得很畅快！后来萧让吹箫，朱武抚琴，孔明、孔亮击水而歌。月亮已经挂上了中天，浩渺的水泊上一片银光，宛如仙境。

再后来，大家都乏了，朱武让艄公寻空旷处停船靠岸，弃了小船，沿山路来送公孙先生。他二人在山前分手，等朱武一个人登上山顶时，山下众人也已散尽，八百里水泊又恢复了宁静。

只有一条空荡的小船悠悠地漂在草厅边。

正是：曲终人散，一轮明月水如天！

附 录

水浒 108 将的绰号及其出身（按出场顺序）

1. 九纹龙　史进（史家庄少庄主）
2. 神机军师　朱武（少华山大寨主）
3. 跳涧虎　陈达（少华山二寨主）
4. 白花蛇　杨春（少华山三寨主）
5. 花和尚　鲁智深（鲁达，提辖）
6. 打虎将　李忠（卖艺，史进第一位师傅，后为桃花山寨主）
7. 小霸王　周通（桃花山寨主）
8. 豹子头　林冲（八十万禁军教头）
9. 小旋风　柴进（柴大官人，周世宗之后）
10. 旱地忽律　朱贵（梁山耳目，"忽律"即鳄鱼）
11. 摸着天　杜迁（原梁山二寨主）
12. 云里金刚　宋万（原梁山三寨主）
13. 青面兽　杨志（殿司制使官，管军提辖使，杨家将之后）
14. 急先锋　索超（大名府留守司正牌军，管军提辖使）
15. 美髯公　朱仝（郓城马兵都头）
16. 插翅虎　雷横（郓城步兵都头）
17. 赤发鬼　刘唐（与天王劫生辰纲一起上梁山）
18. 智多星　吴用（表字学究，道号加亮先生）
19. 立地太岁　阮小二（阮氏三兄弟老大，石碣村）
20. 短命二郎　阮小五（阮氏三兄弟老二，石碣村）
21. 活阎罗　阮小七（阮氏三兄弟老三，石碣村）

22. 入云龙　公孙胜（一清道人，罗真人弟子）

23. 白日鼠　白胜（与晁天王劫生辰纲）

24. 操刀鬼　曹正（屠夫，林冲徒弟）

25. 及时雨　宋江（表字公明，呼保义，"黑宋江"，郓城押司）

26. 铁扇子　宋清（宋江之弟）

27. 行者　武松（武二郎，打虎武松）

28. 菜园子　张青（十字坡黑店）

29. 母夜叉　孙二娘（张青之妻）

30. 金眼彪　施恩（小管营）

31. 毛头星　孔明（孔家庄，白虎山，宋江徒弟）

32. 独火星　孔亮（孔家庄，白虎山，宋江徒弟，孔明之弟）

33. 锦毛虎　燕顺（清风山大寨主）

34. 矮脚虎　王英（清风山二寨主）

35. 白面郎君　郑天寿（清风山三寨主）

36. 小李广　花荣（清风寨知寨）

37. 镇三山　黄信（青州府都监，秦明徒弟）

38. 霹雳火　秦明（青州指挥司总管兵马统制）

39. 小温侯　吕方（对影山寨主，方天画戟）

40. 赛仁贵　郭盛（对影山寨主，方天画戟）

41. 石将军　石勇（大名府人士，放赌为生）

42. 催命判官　李立（揭阳岭黑店主）

43. 混江龙　李俊（扬子江艄公）

44. 出洞蛟　童威（私盐贩子）

45. 翻江蜃　童猛（私盐贩子，童威之弟）

46. 病大虫　薛永（卖艺，侯健师傅）

47. 船火儿　张横（艄公，李俊义弟）

48. 没遮拦　穆弘（揭阳镇一霸）

49. 小遮拦　穆春（揭阳镇一霸，穆弘之弟）
50. 神行太保　戴宗（江州两院押牢节级）
51. 黑旋风　李逵（小名铁牛，江州小牢子）
52. 浪里白条　张顺（渔家，张横之弟）
53. 圣手书生　萧让（擅长书法）
54. 玉臂匠　金大坚（擅长制印）
55. 通臂猿　侯健（薛永徒弟，擅长裁缝）
56. 摩云金翅　欧鹏（黄门山）
57. 神算子　蒋敬（黄门山，精通书算）
58. 铁笛仙　马麟（黄门山）
59. 九尾龟　陶宗旺（黄门山）
60. 笑面虎　朱富（朱贵之弟）
61. 青眼虎　李云（沂水县都头，朱富师傅）
62. 锦豹子　杨林（行走江湖）
63. 火眼狻猊　邓飞（饮马川寨主）
64. 玉幡竿　孟康（饮马川寨主）
65. 铁面孔目　裴宣（饮马川寨主）
66. 病关索　杨雄（刽子手）
67. 拼命三郎　石秀（杨雄义弟）
68. 鼓上蚤　时迁（神偷）
69. 鬼脸儿　杜兴（李家庄主管）
70. 扑天雕　李应（李家庄庄主）
71. 一丈青　扈三娘（扈家庄）
72. 两头蛇　解珍（猎户，孙立表弟）
73. 双尾蝎　解宝（猎户，解珍之弟）
74. 铁叫子　乐和（小节级，孙立妻弟，擅唱曲）
75. 母大虫　顾大嫂（孙立弟孙新之妻）

76. 小尉迟　孙新　（孙立之弟）

77. 出林龙　邹渊（登云山头目）

78. 独角龙　邹润（登云山头目，邹渊之侄）

79. 病尉迟　孙立（登州兵马提辖）

80. 金钱豹子　汤隆（铁匠）

81. 双鞭　呼延灼（汝宁州都统制，呼延赞之后）

82. 百胜将军　韩滔（陈州团练使，呼延灼讨梁山军正先锋）

83. 百目将军　彭玘（颍州团练使，呼延灼讨梁山军副先锋）

84. 轰天雷　凌振（大宋第一炮手）

85. 金枪将　徐宁（金枪班教师，汤隆表哥）

86. 混世魔王　樊瑞（芒砀山首领）

87. 八臂哪吒　项充（芒砀山副将）

88. 飞天大圣　李衮（芒砀山副将）

89. 金毛犬　段景住（盗马贼）

90. 玉麒麟　卢俊义（北京大员外，河北三绝）

91. 浪子　燕青（卢俊义义子，擅长相扑）

92. 铁臂膊　蔡福（大名府两院押牢节级兼刽子手）

93. 一枝花　蔡庆（小押狱，蔡福之弟）

94. 丑郡马　宣赞（关胜讨梁山军合后）

95. 大刀　关胜（蒲东巡检，关公后人）

96. 井木犴　郝思文（关胜义兄，讨梁山军先锋）

97. 活闪婆　王定六（江边住户，遇张顺上梁山）

98. 神医　安道全（建康府太医）

99. 没面目　焦挺（擅长相扑）

100. 圣水将　单廷圭（凌州团练使）

101. 神火将　魏定国（凌州团练使）

102. 丧门神　鲍旭（枯树山强人）

103. 险道神　郁保四（曾头市）

104. 双枪将　董平（东平府都监，风流双枪将）

105. 没羽箭　张清（东昌府都监）

106. 花项虎　龚旺（张清副将）

107. 中箭虎　丁得孙（张清副将）

108. 紫髯伯　皇甫端（兽医）

梁山好汉的归宿（始自征方腊）

1. 入云龙　公孙胜（出家）

2. 玉臂匠　金大坚（御前听用，后任职于内府御宝监）

3. 紫髯伯　皇甫端（御前听用，后任御马监大使）

4. 圣手书生　萧让（受职于蔡太师府）

5. 铁叫子　乐和（王都尉府中使令）

6. 云里金刚　宋万（战死于润州）

7. 没面目　焦挺（战死于润州）

8. 九尾龟　陶宗旺（战死于润州）

9. 青面兽　杨志（患病，寄留丹徒，后病逝）

10. 百胜将军　韩滔（战死于常州）

11. 百目将军　彭玘（战死于常州）

12. 白面郎君　郑天寿（战死于宣州）

13. 操刀鬼　曹正（战死于宣州）

14. 活闪婆　王定六（战死于宣州）

15. 丑郡马　宣赞（战死于苏州）

16. 金眼彪　施恩（战死于常熟）

17. 独火星　孔亮（战死于昆山）

18. 神医　安道全（调御前听用）

19. 井木犴　郝思文（战死于杭州）

20. 金枪将　徐宁（伤于杭州，后死于秀州）

21. 浪里白条　张顺（战死于杭州）

22. 小霸王　周通（战死于独松关）

23. 没羽箭　张清（战死于独松关）

24. 双枪将　董平（战死于独松关）

25. 花项虎　龚旺（战死于德清）

26. 插翅虎　雷横（战死于德清）

27. 急先锋　索超（战死于杭州）

28. 火眼狻猊　邓飞（战死于杭州）

29. 赤发鬼　刘唐（战死于杭州）

30. 丧门神　鲍旭（战死于杭州）

31. 通臂猿　侯健（杭州之战溺死于海中）

32. 金毛犬　段景住（杭州之战溺死于海中）

33. 船火儿　张横（患瘟疫，寄留杭州，后病逝于杭州）

34. 没遮拦　穆弘（患瘟疫，寄留杭州，后病逝于杭州）

35. 毛头星　孔明（患瘟疫，寄留杭州，后病逝于杭州）

36. 旱地忽律　朱贵（患瘟疫，寄留杭州，后病逝于杭州）

37. 锦豹子　杨林（患瘟疫，寄留杭州，后痊愈）

38. 白日鼠　白胜（患瘟疫，寄留杭州，后病逝于杭州）

39. 小遮拦　穆春（看视病人，后返乡为民）

40. 笑面虎　朱富（看视病人，后病逝于杭州）

41. 立地太岁　阮小二（战死于乌龙岭）

42. 玉幡竿　孟康（战死于乌龙岭）

43. 两头蛇　解珍（战死于乌龙岭）

44. 双尾蝎　解宝（战死于乌龙岭）

45. 矮脚虎　王英（战死于睦州）

46. 一丈青　扈三娘（战死于睦州）

47. 铁笛仙　马麟（战死于乌龙岭）
48. 锦毛虎　燕顺（战死于乌龙岭）
49. 赛仁贵　郭盛（战死于乌龙岭）
50. 小温侯　吕方（战死于乌龙岭）
51. 九纹龙　史进（战死于昱岭关）
52. 拼命三郎　石秀（战死于昱岭关）
53. 跳涧虎　陈达（战死于昱岭关）
54. 打虎将　李忠（战死于昱岭关）
55. 白花蛇　杨春（战死于昱岭关）
56. 病大虫　薛永（战死于昱岭关）
57. 摩云金翅　欧鹏（战死于歙州）
58. 菜园子　张青（战死于歙州）
59. 中箭虎　丁得孙（死于歙州）
60. 圣水将　单廷圭（战死于歙州）
61. 神火将　魏定国（战死于歙州）
62. 青眼虎　李云（战死于歙州）
63. 石将军　石勇（战死于歙州）
64. 霹雳火　秦明（战死于青溪）
65. 险道神　郁保四（战死于青溪）
66. 母夜叉　孙二娘（战死于青溪）
67. 出林龙　邹渊（战死于青溪）
68. 摸着天　杜迁（战死于青溪）
69. 催命判官　李立（死于青溪）
70. 金钱豹子　汤隆（死于青溪）
71. 铁臂膊　蔡福（死于青溪）
72. 短命二郎　阮小五（死于青溪）
73. 花和尚　鲁智深（坐化于杭州）

74. 行者　武松（出家并终老于杭州）

75. 豹子头　林冲（病逝于杭州）

76. 病关索　杨雄（病逝于杭州）

77. 鼓上蚤　时迁（病逝于杭州）

78. 浪子　燕青（出走于杭州）

79. 混江龙　李俊（诈病于苏州，后出海，为暹罗国之主）

80. 出洞蛟　童威（看视李俊，后随李俊出海）

81. 翻江蜃　童猛（看视李俊，后随李俊出海）

82. 神行太保　戴宗（终老于泰安州）

83. 活阎罗　阮小七（终老于石碣村）

84. 小旋风　柴进（辞官务农）

85. 扑天雕　李应（返乡）

86. 鬼脸儿　杜兴（伴李应返乡）

87. 大刀　关胜（后病逝）

88. 双鞭　呼延灼（后抗金阵亡）

89. 美髯公　朱仝（后抗金立战功，封节度使）

90. 镇三山　黄信（仍任青州）

91. 病尉迟　孙立（仍任登州）

92. 小尉迟　孙新（随兄回登州任用）

93. 母大虫　顾大嫂（随夫回登州）

94. 独角龙　邹润（辞官返乡）

95. 一枝花　蔡庆（返乡为民）

96. 铁面孔目　裴宣（返回饮马川，受职求闲）

97. 锦豹子　杨林（返回饮马川，受职求闲）

98. 神算子　蒋敬（返乡为民）

99. 神机军师　朱武（投公孙胜出家）

100. 混世魔王　樊瑞（投公孙胜出家）

101. 小遮拦　穆春（返乡为民）
102. 轰天雷　凌振（仍受火药局御营任用）
103. 玉麒麟　卢俊义（被毒毙于淮河）
104. 呼保义　宋江（被毒毙于楚州）
105. 黑旋风　李逵（被宋江下毒，死于润州）
106. 铁扇子　宋清（患病在家，后子中进士）
107. 智多星　吴用（自缢于宋江墓前）
108. 小李广　花荣（自缢于宋江墓前）